テクノロジー・スタートアップが未来を創る

テック起業家をめざせ

鎌田富久
kamada tomihisa

東京大学出版会

Tech Startups and Entrepreneurs Create the Future
Tomihisa KAMADA
University of Tokyo Press, 2017
ISBN978-4-13-043040-1

はじめに

ロボットや人工知能、宇宙に飛ばす人工衛星、次世代のモビリティ、常識をくつがえす電子回路の製造技術、生命の設計図とも言えるゲノム（遺伝情報）の解析、農業分野のイノベーション、先端技術を応用したヘルスケアや新しい医療機器、人々を救う抗がん剤の開発、これらは現在私が応援するテクノロジー・スタートアップである。二〇代、三〇代の若者たちが中心になって立ち上げている。技術者や研究者出身が多い。難しい課題に挑戦しながらも、みな目を輝かせて、やる気に満ちあふれている。もちろん成功するかどうかは分からない。ただ彼らがやり甲斐のあるテーマを見つけて、充実した人生を送っていることは断言できる。

イノベーションを引き起こし、ゼロから市場を開拓する、急成長を狙う企業体を「スタートアップ」と呼ぶ。もともと英語の“start up”は、「何かを始める」「事を起こす」という意味だ。日本では、ベンチャーという用語が広く使われているが、スタートアップは、より挑戦的に成長を目指すというニュアンスがある。社会に大きな変革をもたらすには、ある程度の規模が必要だ。中小企業にとどまらず、果敢に挑戦し続けるのがスタートアップである。本書では、革新的なテクノロジーで世界初の製品やサービスを開発し、事業を成長させ、新しい産業を創るぐらいの可能性のあるスタートアップを、「テクノロジー・スタートアップ」と呼ぶことにする。そのテクノロジー・スタートアップを立ち上げるリーダーを、私は「テック起業家」と名付けた。テック起業家には、共同創業者や思いを共有するコアな立ち上げメンバーも含まれる。要は、自らが創業チームの一員と意識している人たちだ。

現在、起業するハードルが下がり、スタートアップはすべての人にとって、それほど遠い話ではなく、やる気になれば誰でも挑戦できるようになった。自分の技術やアイデア、経験を活かして、ワクワクするようなプロジェクトを起こすことは楽しいし、とてもやり甲斐のあることだ。そして、自分たちが生み出した製品やサービスを誰かが喜んでくれたり、社会の役に立つことが直接的に実感できたら、これこそ自分がやるべき仕事と思えるのではないだろうか。また、大企業においても、既存事業にとらわれず、未来を見据えて新規事業を立ち上げることが課題となっている。スタートアップ的にイノベーションを引き起こすことは、今や日本全体に共通するテーマではないだろうか。特に若い世代に、少しでもスタートアップに興味を持ってもらえたらというのが、本書の目的である。

どうすれば日本から世界で成功するスタートアップを輩出することができるのだろうか。私の結論は、非常にシンプルだ。多くの優秀な人材を起業に導くことだ。特に、テクノロジーをベースに破壊的なイノベーションを引き起こすには、優秀な技術者や研究者が世界を変えてやろうという気概を持って起業することが不可欠である。もちろん、スタートアップを資金面で支えるベンチャーキャピタルや、アクセラレータ・プログラム、メンターなどの支援人材、大企業との連携や政府の支援制度などは重要であり、充実しているに越したことはない。実際、ベンチャーキャピタルの投資資金も増えているし、様々な政府のベンチャー支援政策も行われている。しかし、肝心の起業する優秀な人が増えなければ、効果は発揮しないし、新しい産業を創るようなインパクトのあるテクノロジー・スタートアップを継続的に輩出することは難しい。

日本の先端技術や研究は、世界の中でもレベルが高いものが多い。米国と比べても大きく劣っているとは思えない。少なくとも、個人の能力は非常に高いように思える。ロボットや人工知能、医療・バイオ、宇宙、ナノテク、素材など様々な分野ですばらしい研究成果もあるし、活躍している人たちがいる。これまでは、そうした優秀な人材の多くは、大企業に所属したり、大学や研究所の研究者となるケースがほとんどだ。転職することも少ない。もし、そうした優秀な人材の中から実用化や社会実装を考える人が増え、経営も勉強し、事業化や起業にチャレンジすれば、世界で十分闘える。もちろん、事業は簡単に成功する訳ではない。大成功するにはタイミングやいろいろな要素が必要になる。しかし、多くのスタートアップが出てきてこそ、大成功する企業も出てくる。すそ野が広く大きくならないと、高い山はできないし、継続的な発展は難しい。

米国でスタートアップが多く株式上場している新興企業向け株式市場ナスダックが開設されたのは一九七一年で、日本に同様の新興企業向け株式市場東証マザーズが開設されたのは一九九九年である。

これだけ見ても、日本は米国に比べて時間的に二八年遅れている。この三〇年、デジタル・インターネットの分野では、米国勢に圧勝された。成功したスタートアップが次のイノベーションへの投資マネーと支援人材を生み出すサイクルがすでに何回転もしている。しかし、こうしたネット・スタートアップのゴールドラッシュの時代は終わり、リアル世界とネットがつながる、より大きな変革の時代を迎えている。そして、スタートアップを起業する環境が整い、日本勢にも勝てるチャンスが訪れてきた。

私は、東京大学・理学部に情報科学科という学科ができたばかりの頃にコンピュータ・サイエンスを学んでいた。学部四年生の時に（一九八四年）、荒川亨氏とソフトウェア会社ＡＣＣＥＳＳを起業し、「すべての機器をネットにつなぐ」というミッションを掲げ、あらゆる機器をネットに接続するための通信ソフトウェアや、世界初の携帯電話向けウェブブラウザなどを開発し、世界中の機器メーカーや通信事業者に提供してきた。二〇〇一年に東証マザーズに上場し、その後、米パームソース社を買収するなどグローバルに事業を展開した。革新的なテクノロジーに興味があり、ブレイクスルーを予測し未来を構想するのが大好きだ。

二〇一二年から、テクノロジー・スタートアップの起業を支援する会社ＴｏｍｙＫを設立して、イノベーションを引き起こすスタートアップを若者たちと起業したり、立ち上げ資金のエンジェル投資、経営支援などを行っている。私のやり方は、テック起業家たちといっしょにイノベーションを楽しみながら、事業の立ち上げを加速させるブースターのようなものだ（「スタートアップ・ブースター」と呼んでいる）。目的は、世界で活躍するテクノロジー・スタートアップの成功事例をつくることである。私自身の数々の失敗や試行錯誤の経験が思いのほか役に立っている。これまでに、ヒト型ロボットのＳＣＨＡＦＴ（米グーグルが買収）、小型人工衛星のアクセルスペース、次世代パーソナル・モビリティのＷＨＩＬＬなど、二〇社程度を支援している。この五年ほどで、多くの研究者や技術者、学生・大学院生、スタートアップを志す若者たち、大企業で社内スタートアップを目指す方たちやオープンイノベーションを推進する方たちの話を聞き、日本には優秀な人材が多いとあらためて実感している。そして、実際に起業して世界を相手に渡り合っている若者たちを見てきた。やれる能力のある人は潜在的には多いと感じている。テック起業家の予備軍は大勢いる。つまり、背中を押せば良い。日本発でイノベーションを引き起こすスタートアップを増やすための根本的な解決策は、「スタートアップという選択肢」に気づいてもらい、チャレンジを鼓舞することだと考えている。

起業とは特別難しいものではなく、自己実現の手段であり、自分の能力で社会に貢献できる直接的方法だ。いつか起業してみたいと思っている方は多いかもしれないが、年齢を重ねるごとに家庭の事情や勤務先の状況で、起業するタイミングはなかなか来ないものだ。私は早くスタートすることをおすすめする。人生は思いのほか短い。皆さんは、現在、スタートアップを起こすのに非常に良いタイミングに居合わせている。三〇年前に起業した人間からすると、うらやましい環境である。しかし、まだまだスタートアップはリスクが高く、割に合わないと思われがちである。社会人となってビジネス経験をある程度積んだ方が、仲間といっしょにチームをつくって起業すれば、成功確率は高いはずになる。

だ。低経済成長時代に入り、将来が見通しづらい今こそ、チャレンジする人が増えれば、日本は元気になる。

本書が、「自分の技術やアイデアで社会に貢献したい」とか「今の仕事も悪くないけど何かもっと充実した仕事をしたい」などと漠然と思っている方々のヒントになれば、幸いである。そして、テクノロジー・スタートアップやテック起業家に興味を持って、応援しようと思う人が少しでも多くなれば、うれしい限りである。

テクノロジー・スタートアップが未来を創る　目次

装幀：水戸部　功

テクノロジー・スタートアップが未来を創る——テック起業家をめざせ

第1章

テクノロジーで世界を変える

「テクノロジー・スタートアップ」とは、革新的な技術でまったく存在しなかった市場を開拓し新たな産業を創る、あるいはイノベーションで地球的課題を解決する、そんなスタートアップを意図して使っている。世界が抱える大きな課題を解決するには、テクノロジーが必要だ。最先端のサイエンスの研究成果が応用できるかもしれない。既存の産業を根底からひっくり返すような新しい技術がどんどん生まれている。

世界中の人々が、今では当たり前のように使っている製品やサービスも、当初は小さなスタートだったり、ほとんど見向きもされなかったということが多々ある。ゼロからスタートする革新は、ガレージやアパートの一室、大学のキャンパスでひっそりと始まるものだ。世界のどこかで、今日も何か新しいプロジェクトが始まっている。

本章では、テクノロジー・スタートアップの事例をいくつか紹介する。いずれも技術者や研究者が、自らのテクノロジーを社会に役立てたいと勇気を持って一歩踏み出すことから始まった。これらを成功事例として紹介する訳ではない。むしろ、まだほんの立ち上げたばかりという段階だろう。将来大成功するかもしれないし、それほど成功しないかもしれない。私は、結果はさして重要ではないと思っている。これらのスタートアップを立ち上げているテック起業家たちが、チャレンジして良かったと思えば、それで十分である。彼らが経験したスタートアップ体験は、将来何をやるにしてもとても役に立つと思うからだ。そんなチャレンジすることのすばらしさを少しでも伝えることが目的である。

起業するきっかけは様々である。ある出来事がきっかけで始まったり、思いが強くなって走り出したり、たまたまの出会いだったり、という感じだ。人生の転機は、ちょっとした一歩から始まる。皆さんにも十分起こりそうな話だ。それでは、すでに走り出しているテクノロジー・スタートアップのストーリーを少し見てみよう。

SCHAFT

ヒューマノイドの実用化を目指す

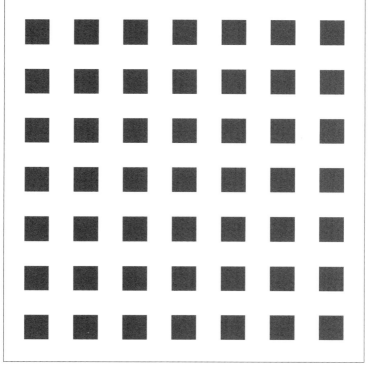

ロボットは実用化しないと意味がない

東京大学で、助教としてヒューマノイド（ヒト型ロボット）の研究をしていた中西雄飛と浦田順一。二人ともヒューマノイド・ロボットの研究分野では名の知れた若手研究者だ。そのまま大学で研究を続けて成果を出し、研究者としてキャリアを積んで行くこともできる。しかし、研究目的のロボット開発に物足りなさも感じていた。アニメやSFの世界のように社会の中で活躍するロボットを開発できたら、これほどやり甲斐のあることはない。そのための研究だ。もともとロボット研究をやりたかった原点はそこにある。実際、二足歩行ロボットのデモは、いろいろなところで、かなり前から華々しく発表されている。しかし、限定された応用でさえも、まだ実用

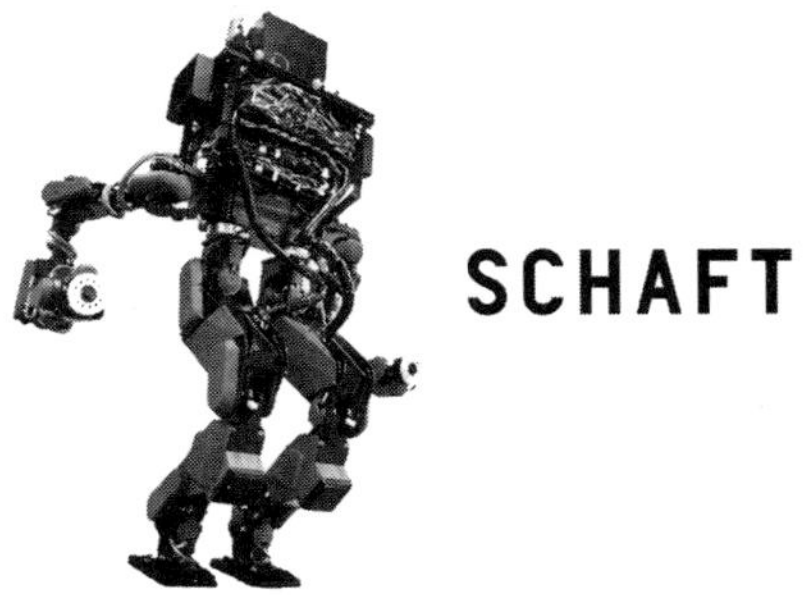

図1　SCHAFT ヒューマノイド・ロボット

化された例はない。

そんな二人に起業を決意させたのは、二〇一一年三月一一日に起きた東日本大震災だった。大きく崩れた福島第一原子力発電所の一～三号機の原子炉建屋。ただならぬ事故の様子を繰り返し伝えるテレビの映像が強く記憶に残っている。当時現場では、原子炉建屋の内部の状況を把握するのに、無人走行するロボットが必要な状況だった。放射線量の計測、がれきや破損の状況を把握しないと対策も打てない。非常に差し迫った緊迫した事態だ。現実の悲惨な事故を前に、実際に現場ですぐに役に立ったのは、アメリカ製のロボットだった。中西、浦田は自分たちの無力さを痛感し、落胆していた。日本中のロボット研究者が悔しい思いをしたに違いない。ロボットをいくら研究しても、災害の現場で使える製品として実用化しない限り、人々の役に立てない。いったい自分たちはこれまで何をやっていたのか。研究室に閉じこもっていては、一歩も前に進めない。

中西、浦田に加えて、スタートアップに予てより興味のあったアントレプレナー精神溢れる研究室の後輩、鈴木稔人が加わり、三人は二〇一二年春にヒューマノイド・ロボットのスタートアップSC

図2　SCHAFT 創業時の取締役メンバー
（前列左から CTO 浦田、CEO 中西、COO 鈴木、後列左から加藤、鎌田）

HAFT（シャフト）を設立した。三人とも企業に勤めた経験もまったくないし、ビジネスをしたこともない。しかし、ヒューマノイド・テクノロジーへの自信と、自分たちがやるしかないという熱い思いがあった。

タイミング良く、アメリカ国防高等研究計画局（DARPA）が、災害救助ロボットコンテストDARPA Robotics Challenge（DRC）を発表して、世界中のロボット研究者に参加を呼びかけた。福島の震災のような事態に対処できる技術の開発を加速させようというのが狙いだ。優勝賞金は、二〇〇万ドル（約二億円）である。SCHAFTはこれに応募して何としても優勝し、ヒューマノイド・ロボットの実用化を進める。そんなストーリーを描いていた。

私がSCHAFTのメンバー三人とはじめて会ったのは、彼らが創業して間もない二〇一二年の五月頃で、中西、浦田、鈴木の話を聞いて資金提供して手伝うことになる。この三人の熱意はすばらしいし、揺るぎない決意がある。それに、東大の後輩でもある。彼らを送り出してくれた研究室は、稲葉雅幸教授が率いる情報システム工学研究室（JSK）で、ヒューマノイドでは世界的に有名だ。ぜひ成功させたい、とそんな思いで即断した。いつ頃ビジネスになるかを予測するのは難しい。しかし、世界でもトップレベルの技術はある。であれば、あとはタイミングだけの問題だ。一〇年かかろうが、二〇年かかろうが、ロボットはきっと大きな市場になるに違いない。いずれ来る未来への投資だ。そこまで粘れば良い。CFOをやってくれる加藤崇さんと、私が社外取締役となり、SCHAFTを立ち上げることになった。加藤さんも、熱い思いで参加してくれて、経験のない経営チームを育ててくれた（加藤崇さんは、その後、SCHAFTの経験を活かし、シリコンバレーを拠点に新たなスタートアップに取り組んでいる）。こうして、まったく前例のないヒューマノイド・ロボットのスタートアップが動きだした。

DARPAロボットコンテストの応募の選抜にも無事通り、本格的なロボット開発が始まった。SCHAFTの技術の特徴は、強靭で柔軟な下半身、二足歩行のノウハウにある。しかし、DARPAコンテストで設定された様々な課題をこなすためには、やるべきことは山積していた。SCHAFTのメンバーは、本当にハードワーカーだ。とにかく相手は米国のマサチューセッツ工科大学（MIT）

図3　開発中のSCHAFTロボット（当時）

やカーネギーメロン大学（CMU）、NASA（アメリカ航空宇宙局）などの名だたる強敵ばかり、韓国チームも侮れない。こちらが寝ている間に相手は一歩も二歩も先に行っているかもしれない、という危機感に襲われながら、オフィスというか開発現場に泊まり込み、寝る間も惜しんで開発に注力した。そして、徐々に「ヒューマノイドの実用化」というミッションに共感する仲間も集まり、コンテストに向けて一歩ずつ進んで行った。

DARPAロボットコンテスト一次大会で優勝

スポーツの世界で日本人選手が米メジャーリーグで活躍したり、日本チームがワールドカップやオリンピックで優勝するなど世界で活躍するシーンを見るのは、単純にうれしいし、大いに感動する。世界のトップと競うには、大変な努力と困難を克服する忍耐強さがあったはずだ。個人がそれぞれの得意分野を活かし、チームの能力を最大限に発揮する。私は、それに似た感動を味わうことができた。

二〇一三年一二月にDARPAロボットコンテストの一次大会（DRC TRIALS）が米国のマイアミ郊外で行われた。ここで、

図４　DARPA ロボコン 2013 で SCHAFT が優勝

ＳＣＨＡＦＴは他の有力チームに大差をつけて優勝し、世界を驚かせることになる。競技の内容は、現実の災害現場を想定して、ロボットが具体的に現場でこなす必要がありそうな作業項目が設定されていた。八つの種目があり、それぞれ四点満点で達成度によって点数がもらえる。その具体的な内容は、Vehicle（ロボットが車を運転）、Terrain（ブロック地面を歩く）、Ladder（はしごを登る）、Debris（がれきを取り除く）、Door（三種類のドアを開けて入る）、Wall（壁にドリルで穴を開ける）、Valve（三種類のバルブを回す）、Hose（ホースを取り出して栓につなぐ）の八つだ。ＳＣＨＡＦＴは、三二満点中二七点という高得点を獲得して一位となった。

ＳＣＨＡＦＴチームは半年前から優勝するために緻密な作戦を立てていた。Vehicle種目を練習するのに、指定の車がアメリカ製で日本に取り寄せるのに苦労した。日本で車両認定されておらず、公道で練習できないし、難易度が高い。それに、現実問題として、将来は自動運転になるので、実際にロボットにハンドルを握らせて運転するシーンは考えにくい。この種目は優先度を下げて一点取れれば良しとして、別の種目に注力することにした。ライバルの米ボストン・ダイナミクス社のヒューマノイド・ロボットＡＴＬＡＳの二足歩行はパワフルでおそらく大きな差はつかない。残りの七種目を完璧にこなし、七種目で満点を取らないと勝てないと想定して練習に取り組んだ。不規則にブロックが置かれた不安定な地面を歩行する種目の Terrain は特に重要だ。アメリカ製のブロックが日本製と大きさが少し違っていることが判明し、アメリカからわざわざブロックを取り寄せるなど、いろいろ苦労があった。

コンテストの当日、会場はマイアミ郊外の大きな自動車レース場に設置されていた。事前に競技内容の詳細は決められていたとはいえ、当日は風が強かったりして、微妙な調整力が必要になっていた。ＳＣＨＡＦＴは練習通り安定した力を発揮した。Vehicle 種目は予定通り一点を固く獲得し、他の六種目で満点。特に、ブロック地面の歩行やはしごを登る競技では、安定した二足歩行で会場を沸かしていた。私が見ていた中で、唯一のミスは、三つのドアの最後を通過できなかった場面だけだった。この日は風が強く、さすがに Door 種目は室外で練習していなかったので、微妙なコントロールがうまく行かず、残念ながら時間切れとなった。

図５　ブロック地面を練習するＳＣＨＡＦＴロボット

実は、コンテスト前から各チームの駆け引きは始まっていた。競技内容があまりに難しいと、どのチームも達成できず差がつかないし、簡単すぎると全チームができてしまう。事前に各チームの実力を吟味して程よい課題設定にすることが、主催者側の腕の見せ所となる。そこで、当初の競技内容だけでなく、突然の変更にも対応できるように準備していた。例えば、ＳＣＨＡＦＴチームは、はしごを登るだけでなく、下りる練習もして準備していた。

ＳＣＨＡＦＴの勝因は、ロボットの性能に加えて、実用化へのこだわり、泥臭い現場での対応能力で強みを発揮した。競争相手の大学チームは、この点が不十分だったように感じた。本当に災害現場で使えるようにしたいという思いがにじみ出ていた。

ＳＣＨＡＦＴの優勝は、世界中で大きく報道され、日本のメディアにも取り上げられた。日本の若者たちが世界の有力チームを相手に技術力と団結力で打ち勝った、すばらしい出来事であった。起業してから一年半の間、彼らは勝つだけの努力をしたし、他のどのチームよりも勝ちたかったに違いない。ヒューマノイド・ロボットを実用化する目標に向けた最初の一歩であった。

図6　圧倒的パフォーマンスを見せるSCHAFT
ロボット
上：はしごを登る（Ladder）
中：ブロック路面を歩く（Terrain）
下：3種類のドアを開けて入る（Door）
（Photo：Katsue Nagakura）

図7　優勝を喜ぶ SCHAFT チーム
上：SCHAFT チームのピットにて
下：DRC2013 優勝の受賞式
中央は DRC プログラムマネージャーの
ギル・プラット氏（現在トヨタ TRI CEO）
（Photo：Katsue Nagakura）

アンディ・ルービンがやって来た。米グーグルが買収

実は、このコンテストの少し前に、米国のグーグルがＳＣＨＡＦＴを買収するという発表があり、大きな話題となった。グーグルがロボット開発に乗り出すということで、世界中の有望なロボット技術の会社八社を買収した。

この買収の発表に遡ること数ヶ月前、ＳＣＨＡＦＴは開発を進める一方で資金調達を進めていた。まだまだロボットの製品化までには時間がかかる。この段階での投資となると、なかなかチャレンジングだ。予想通り、ベンチャーキャピタルの反応は良くない。一筋縄では行かず、ＣＦＯの加藤崇さんと私は、技術のポテンシャルや社会へのインパクトに夢を感じて長期的にサポートしてくれる投資家を探していた。候補の一つとして、私はスマホＯＳのアンドロイドを生み出したグーグルのアンディ・ルービン（当時、上級副社長）を考えていた。予てより交流があって、彼がロボット好きというのは知っていたからだ（アンドロイドというのは、彼の小学校時代のニックネームらしい）。しかも、少し前にアンドロイドのチームを離れた

という話を聞き、もしかしたら彼は個人的に先進的なロボット技術への投資に興味を持つかもしれないと秘かに考えていた。

アンディに連絡したところ、思いのほか良い返答が来た。「とにかく一度見に行くよ」。わざわざ日本まで見に来る。我々は一時間ぐらいでしっかりアピールできるようにデモなどを準備した。アンディはグーグルの投資グループといっしょに現れ、興味津々で我々の説明を聞いていた。どうやら彼はロボット技術に相当詳しい。DARPA向けに各種課題をこなすロボットの技術に細かい質問もして来る。様々なデモのために場所も移動しながら長時間のミーティングとなった。結局半日ぐらいいただろうか。最後に今後についての相談となった。

SCHAFT側の投資の希望を伝えた後、アンディの話が始まった。「これから言う話をよく聞いてくれ。君たちの技術はすばらしい。投資するのも良いが、実はグーグルでロボットプロジェクトを進めている。一〇年かけてロボットを実用化し、イノベーションを起こすつもりだ。これをいっしょにやらないか」。買収の提案である。

思いがけない壮大な話に、我々は色めき立った。どうやら、他にも何社か買収を進めているようだ。世界中の優秀なロボット研究者を集めて、ロボットのドリームチームをつくる。いくらでも資金を投じる勢いだ。中西は、すでに目を輝かせて、うるうるしている状態だ。「少しブレイクにしないか、コーヒーが必要だ」。

ＳＣＨＡＦＴの中西、浦田、鈴木、加藤さんと私の五人の内輪の相談となった。「こんな話は一生に一度あるかないかだよ」。多少大げさに私は言った。これほど自分たちの技術を高く評価してくれる相手は世界にそういないだろう。何より、自分たちの目標の実現にぐっと近づく話だ。我々は買収提案に即答することにした。「アンディ、すばらしい提案をありがとう。我々はＯＫだ」。我々は握手して、具体的な手続きを進めることになった。長い一日は、想像を超える結末となった。その後、買収の手続きは大変な作業となった。当時我々は、中西がサッカー好きだったので、この買収案件をコード名で「バルセロナ」（有名なスペインのプロサッカーチーム）と呼び、その中心人物アンディ・ルービンを「メッシ」（バルセロナのスター選手）と勝手に呼んでいた。特に、ＣＯＯの鈴木稔人とＣＦＯの加藤崇さんは、大変な交渉と膨大な作業をこなし、バルセロナ案件を完了まで持ち込んでくれた。私にとっても、ACCESS時代に、米パームソース社を買収したり、M&Aは何度も経験していたが、グーグルとの買収案件はとても良い経験になった。

実は、私と同年代のアンディ・ルービンとは、これまでに何度も出くわすことがあった。一九九五年頃、ACCESSで私がテレビ向けのブラウザを開発して、シャープ、パナソニック、三菱電機、ビクターのテレビメーカー四社と「インターネットテレビ」を開発したことがある。このとき、米WebTVが同じようなコンセプトで、ソニーとフィリップスを顧客にしていた。アンディはWebTVのキーマンだった。このときは、市場が成熟しておらず、両者が失敗に終わる。次に、携帯インターネットの時代、私は携帯向けブラウザを開発し、NTTドコモとiモードを進めるなど世界に先行して成功していた。アンディは、その頃、PDA（携帯情報端末、日本では当時シャープのザウルズなどが発売されていた）を開発する米Dangerを創業したが、苦戦していた。その後、彼は再びスタートアップを起こして、アンドロイドOSを開発、グーグルに売却する。アンドロイドは歴史的な大成功となる。ということで、何度も同じような分野で競い合っていた。そして、ロボットでこのような出会いとなった。

ヒューマノイドの開発は続く

ロボットの開発には大きな資金が必要になるし、本格的な実用化に向けては一〇年先を見据えた取り組みが必要になる。SCHAFTにとっては、大きなスポンサーがついた形だ。その後、二〇一五年五月に、DRCコンテストの本戦（DRC FINALS）がロサンジェルス郊外で行われた。グーグル傘下のSCHAFTは、もはやコンテストに出る意味はなく辞退した。優勝したのは韓国チームだった。このDARPAコンテストは世界中にロボット開発の刺激を与え、業界に方向性を示した意義がある。高額の賞金（優勝二〇〇万ドル）も魅力的だ。こうした大型賞金プロジェクトは、イノベーションを引き起こす一つのやり方だ。日本も学ぶべき点が多い。大きな課題の設定と、それを不可能なレベルではなく、相当頑張れば届く程度に具体的に落し込む運営側の技術への深い洞察がポイン

図 8　DARPA Robotics Challenge Finals（2015 年 5 月）

トとなる。最近実用化段階に入ってきた自動車の自動走行についても、DARPAのコンテストGrand Challenge（二〇〇四年、二〇〇五年、二〇〇七年と三回行われた）がきっかけになっている。

さて、二〇一四年の春に、アメリカ合衆国のオバマ大統領（当時）がはじめて来日した際に、SCHAFTのメンバーとの面会が実現した。大統領の超過密日程の中で実現したこのミーティング、いつものバルセロナのユニフォームとジーンズの中西が熱い思いを大統領に語っている。中西、浦田、鈴木の三人がやってきた日のことを思い起こすと、感慨深い。そこからわずか二年の出来事であった。私は、これを奇跡的なこととは思わない。スタートアップを立ち上げると、想像しなかったようなことが起きるものだ。東大の研究室から勇気を持って一歩踏み出して、尋常でない開発を進め、並々ならぬ情熱が、人々を引きつけ、運や機会を呼び寄せた。あなたにも十分起こりえることなのだ。

図9　オバマ大統領（当時）来日の際に面会する中西、浦田とSCHAFTロボット（2014年4月24日）
（Photo：U.S. Department of State）

ソフトバンクで次のステージへ

ＳＣＨＡＦＴは、その後もヒューマノイドを実用化して社会に役立てるという目標に向かって、着実に前進している。今では、ロボットは日本の産業力強化の重要テーマとして注目され、投資分野になっている。時代が追いついて来たという訳だ。ＳＣＨＡＦＴが二〇一六年に発表したビデオでは、二足歩行を応用して、不安定な地面で荷物を運ぶロボットや、階段をお掃除するロボットが紹介されていた。人に代わって作業をするツールとしての応用例を想像させてくれた。

その後、アンディ・ルービンは残念ながらグーグルを離れてしまい、ロボットプロジェクト開始から約四年後に、アルファベット（グーグル）はロボットプロジェクトを手放すことになる。二〇一七年六月九日、ソフトバンクが、ボストン・ダイナミクスとＳＣＨＡＦＴをアルファベットから買収するという衝撃的な発表があった。ソフトバンクは、ロボット分野に予てより力を入れており、これからが楽しみだ。今や人工知能やロボットの有力スタートアップを、世界の大企業が奪い合っている。近い将来、彼らのロボットが、社

図 10　開発中の 2 足歩行ロボット
（SCHAFT の発表ビデオより）

会で活躍するようになるのを期待したい。

ＳＣＨＡＦＴの事例は、自分の技術や研究成果を実用化して社会に役立てたいと思っている研究者やエンジニアの参考になる。ブームになってからでは遅い。いろいろ課題はあっても、将来必要になるものであれば、大きなチャンスがある。むしろ、まだ難しいぐらいの段階が先行できるタイミングだ。高い目標で困難な課題の方が、より優秀な人材が集まりやすいということもある。

ＳＣＨＡＦＴの例のように創業して間もないテクノロジー・スタートアップを大企業が買収する例は、日本では極めてめずらしい。一方、米国では非常に一般的だ。株式上場よりもはるかに件数が多い。私は、日本の優秀なテクノロジー・スタートアップがＭ＆Ａによって、より大きな舞台でグローバルに活躍できることはすばらしいことだと思う。今後、こうした事例は、日本でも増えて行くはずだ。この変化の激しい時代に、大企業と言えども自社の研究開発だけで未来に備えるのは難しい。大企業がテクノロジー・スタートアップの買収を経営戦略として取り入れて行かなければ、競争優位を保つのは難しい。ＳＣＨＡＦＴの事例は、後に続くテクノロジー・スタートアップの励みになる。一歩踏み出すと良い展開も見えて来るものだ。

Axelspace

小型人工衛星網で宇宙を活用

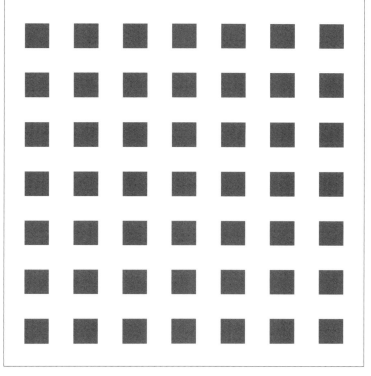

人工衛星をつくるってスゴくないか

東京大学の航空宇宙工学の研究室（中須賀真一教授）で、超小型人工衛星の研究開発をしていた中村友哉と永島隆、同じ頃、東大のライバルとして競い合っていた東京工業大学の宮下直己、この三人が二〇〇八年に創業したのが、小型人工衛星を開発し事業化を進めるスタートアップのアクセルスペース（Ａｘｅｌｓｐａｃｅ）だ。前例のない宇宙スタートアップである。

ロケットや人工衛星といった宇宙事業と言えば、数百億円から一〇〇〇億円規模の大型国家プロジェクトというイメージがある。ところが、二〇〇〇年代初め頃から、世界中の大学で一辺一〇cm程度の立方体で数キログラムのキューブサット（CubeSat）と呼ばれる

図１　小型人工衛星のアクセルスペース

超小型人工衛星が開発されるようになり、彼らは学生のときに夢中で衛星プロジェクトに取り組んでいた。二〇〇三年に世界中の大学が競ってキューブサットを打ち上げ、東大と東工大のキューブサットだけが見事に成功した。自分たちが開発したキューブサットが宇宙に行って、地球を撮影した写真を送ってくる。これは興奮するに違いない。彼らが、学生時代に徐々に衛星プロジェクトにのめり込んで行くのはよく分かる。私が学生のとき、コンピュータといえば大型計算機だった時代に、マイクロプロセッサが登場し、小型で低消費電力のパソコンを学生でも製作できるようになったときのような感じだ。

衛星づくりに自信を深めた彼らは、これを何とか社会の役に立てたいと考えるようになった。ところが、当時小型衛星に取り組んでいる会社はなかった。それなら自分たちでやるしかない。今後、小型人工衛星の需要が高まり、宇宙の民間活用がキーになると中須賀教授も後押ししてくれた。さらに、東大の航空宇宙工学の中村の後輩、野尻悠太が加わり、彼らの目標に共感する優秀なメンバーを増やしつつある。情報産業がパソコン、ソフトウェア、インターネッ

図2　アクセルスペースの経営陣（左から、COO 野尻、CEO 中村、CTO 永島、CDO 宮下）

トへと発展し、あらゆる産業にＩＴ導入が不可欠になったときのような大きな変化の最初の地点にいる。宇宙活用の幕開けである。私は、そんなワクワクした直感があり、エンジェル投資をして、取締役としてお手伝いすることになった。

アクセルスペースの衛星づくりは、これまでの重厚長大な宇宙産業の常識からすると、まったく新しいやり方だ。宇宙は当然地球環境とは違う。温度や真空状態、放射線の影響など考慮すべき点が多い。こうした厳しい条件をクリアするのに、宇宙仕様の特別な部品を開発するとコストが非常に高くなってしまう。一方、パソコンやスマホの性能向上はめざましい。そうした最新のデバイスや民生品を使わない手はない。そこで、これらの部品をいかに宇宙で使えるようにするかを考える。ソフトウェアや開発手法についても、最新のものを活用する。進化が続きそうな技術を採用しておけば、常に世界の最先端技術を利用できる。ある程度、リスクも織り込みながら、全体最適を目指す。こうして、開発コストを数億円といったレベルに抑えている。従来の大型衛星は数百億円レベルなので、一／一〇〇というコストダウンを実現している。

最初の一歩は北極海の海氷観測衛星

いくらコストを下げたとは言え、人工衛星を売り込むのは大変だ。何せこれまで事例がないし、ユーザーはどう活用すれば良いかが分からない。売り込みは難航する。そんなときに興味を示してくれたのが、気象情報の会社ウェザーニューズである。この出合いなくしては、アクセルスペースの一歩目は出なかった。ウェザーニューズは、地球温暖化により北極海の氷が解け、船舶が北極海を航行できるようになりそうだと目をつけていた。欧州と日本を結ぶ航路として、北極海航路が利用できると大幅な航路の短縮となり、輸送時間の短縮と燃料費の削減になる。海運会社向けのサービスを行うために、北極海の海氷の観測をしたいと考えていた。しかし、衛星画像は一枚一〇〇万円といった価格で、とても高くて使えない。数億円で専用の人工衛星を使えるなら、十分ビジネスになるという訳だ。

まさに、アクセルスペースの小型人工衛星にぴったりのニーズであった。しかし、まだ事業経験もない大学院を出たばかりの若手スタートアップである。普通なら、まず打ち上げ実績を見てからとな

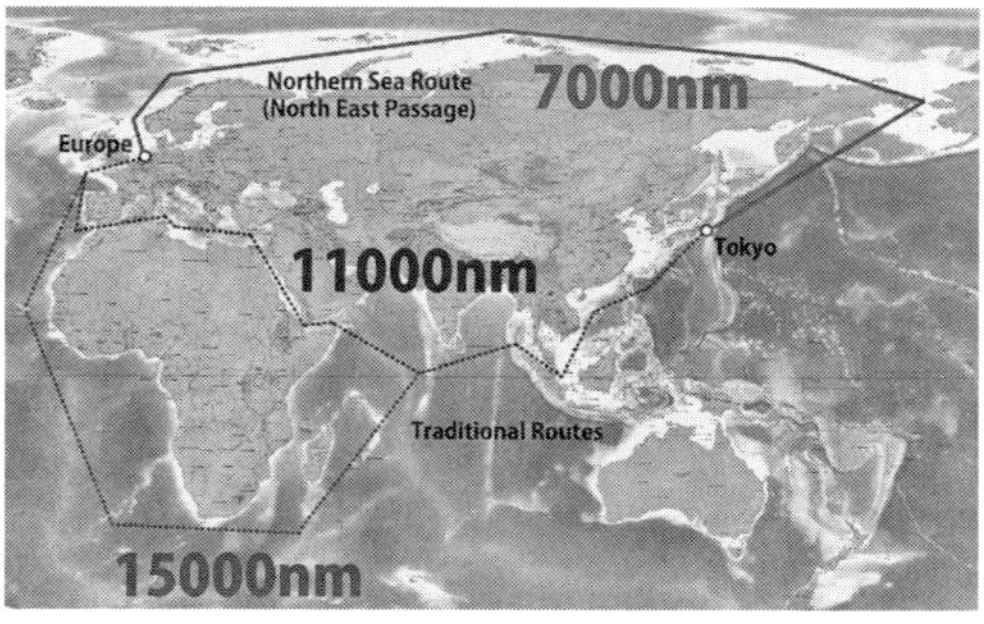

図3　北極海ルートは欧州・日本間の航路を大幅に短縮する

図４　WNISAT-1R とチームメンバー

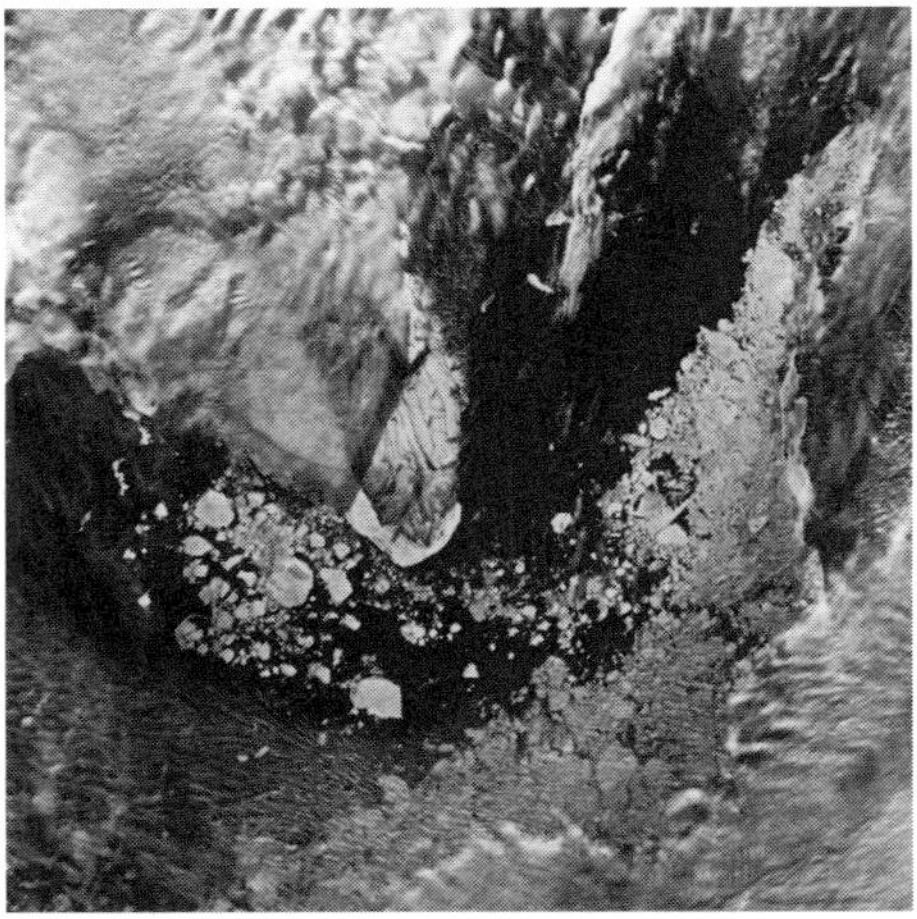

図５　WNISAT-1R からの衛星画像
北極海航路における最大の難所と言われるヴィルキツキー海峡
（Photo：©2017 Weathernews Inc. & Axelspace Corp.）

るところだ。一回目は誰かがリスクを取ってくれないと始まらない。ウェザーニューズの創業者・石橋博良さん（故人）が後押ししてくれたと聞いている。石橋さん自身が、ウェザーニューズという民間気象情報のスタートアップを立ち上げたアントレプレナーであり、若者たちの可能性を買ってくれたのは、本当にすばらしい。

ウェザーニューズ向けの北極海観測衛星WNISAT－1は、二〇一三年一一月二一日にロシアのドニエプルロケットで打ち上げられた。これは、世界初の民間商用超小型人工衛星となった。さらに、ウェザーニューズ向けの二号機WNISAT－1Rが二〇一七年七月一四日にカザフスタンのバイコヌール宇宙基地よりソユーズロケットで打ち上げられた。光学カメラで気象・海象を観測するための衛星である。

私は、この打ち上げを運良く現地で見ることができた。バイコヌール宇宙基地は、ソ連が一九五五年に極秘に建設した基地である。現在はカザフスタン領であるが、ロシアとカザフスタンが契約をむすび、現在でもロシアが管理している。宇宙に興味のある人なら一度は訪れてみたいと思うバイコヌールは、宇宙開発の歴史そのもの

図6　ユーリ・A・ガガーリン像（バイコヌール、カザフスタン）

で、数々の歴史的な記念物が保存されている。中でも、一九六一年にユーリ・A・ガガーリンを乗せて人類初の有人宇宙飛行に成功した物語は今なお語り継がれている。なかなか行けない場所で、貴重な体験をさせてもらった。

国の宇宙事業も民間活用

これまでの宇宙プロジェクトは、科学技術の研究開発がメインであり、未知の世界の探求という面が強かったが、これからは宇宙科学の成果を産業に活かす段階である。

アクセルスペースは、内閣府最先端研究開発支援プログラム（FIRST）に採択された超小型衛星の実用化研究に参画し、東京大学と共同で「ほどよし一号機」を開発した。この「ほどよし一号機」は、一辺五〇cmの立方体・質量六〇kgの超小型衛星で、地球観測（リモートセンシング）を主なミッションとしている。二〇一四年一一月六日にロシアから打ち上げられた後、順調に運行を続けており、世界中の画像（地上分解能は約六・七m）を撮影して、地上に送ってきている。これらの衛星画像の利用を推進するため、パートナ

図７　打ち上げ前の「ほどよし１号機」と筆者

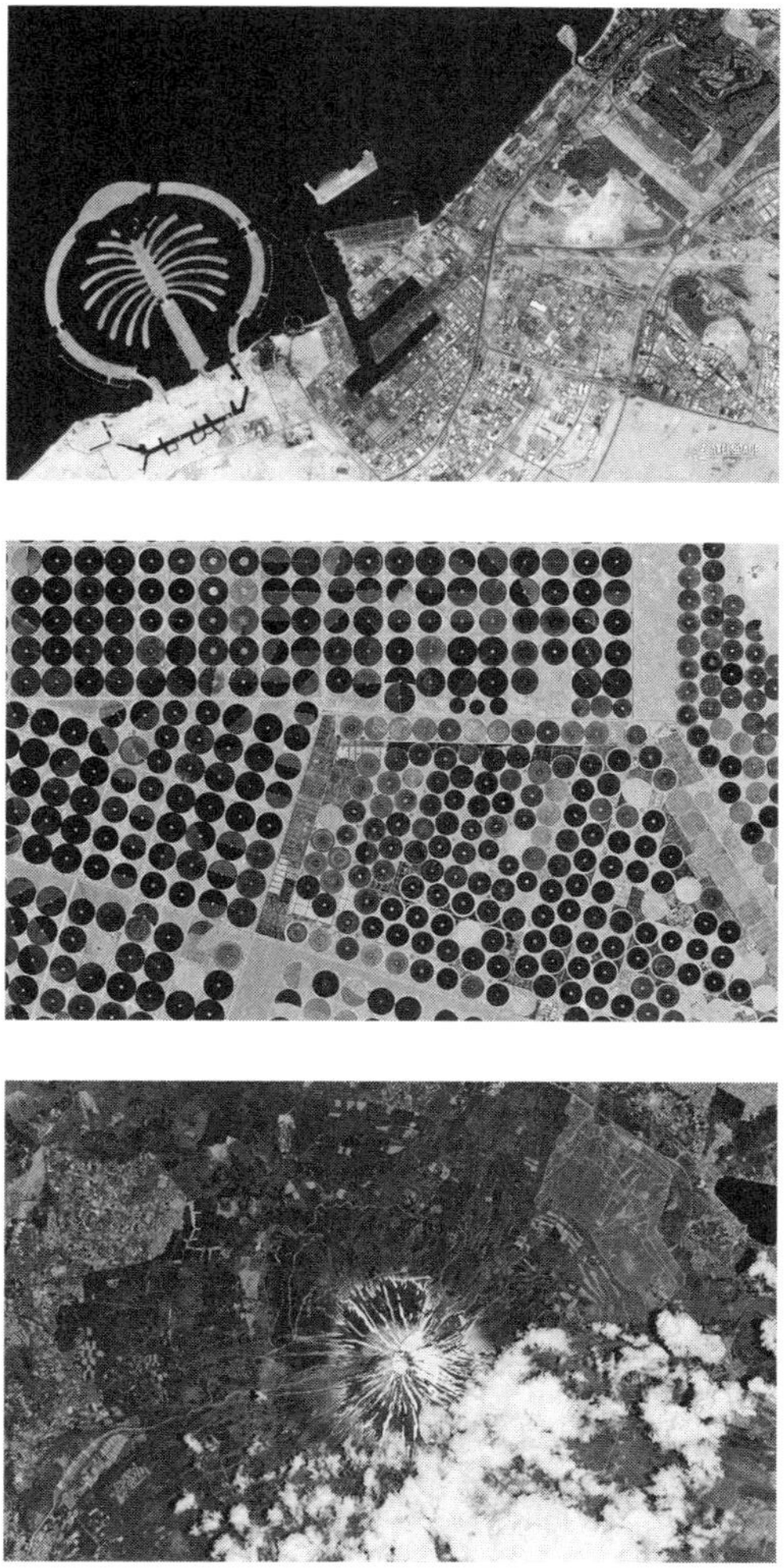

図8 「ほどよし１号機」からの画像例
上：ドバイ・パームアイランド
中：サウジアラビア・円形農場
下：真上から見た富士山

ーと応用事例の開拓を行っている。

二〇一六年八月に、ＪＡＸＡ（宇宙航空研究開発機構）から革新的衛星技術実証プログラム「小型実証衛星一号機」の開発をアクセルスペースが受注した。ＪＡＸＡが人工衛星の開発・製造を一括してスタートアップに発注するのは、日本の宇宙開発の歴史上はじめてのことである。業界では大きなニュースとなった。米国では、ＮＡＳＡが一〇年前からイーロン・マスク率いる宇宙スタートアップのスペースＸとロケットなどの大型契約をかわしている。世界的に宇宙分野にスタートアップの進出が進みつつある。

地球観測網「AxelGlobe」の構築

アクセルスペースの次の目標は、とても挑戦的だ。地球観測衛星を約五〇機打ち上げ、世界中を一日一回撮影することができる地球観測のプラットフォーム「AxelGlobe」を構築することだ。地球をまるごと常にスキャンする。五〇機あれば、地球上の経済活動が行われている陸地をほぼカバーできる。しかも、「毎日」というのがポイントだ。これまでの衛星開発は、地上分解能を目指すものが多かった。その結果、衛星が大きくなり、開発コストも打ち上げ費用も高くなる。アクセルスペースは、一定レベルの高解像度で、時間分解能（高頻度）を上げる。画像の解析は、人工知能を応用して行うので、必ずしも人間が見て分かるレベルでなくても構わない。最先端の技術の組み合わせで、最適なバランスを取ることで、効率良いソリューションを構築することができる。

AxelGlobeでは、衛星を売るのではなく、打ち上げた衛星を自社で保有し、観測したデータで情報サービスを提供する。この場合、五〇機の衛星は、地球を覆い囲むIoTのセンサーである。光学カメラのデータを収集して、分析・加工し、企業に提供する。二〇一五年に一九億円の資金調達（シリーズA）を実施して、その準備を進めている。これまでのノウハウを結集し、地上分解能二・五mの地球観測衛星GRUSを開発中である。

AxelGlobeは、従来の衛星画像のビジネスモデルを根本的に変える。これまでは、地球の周りを回る衛星に撮影場所や撮影日時の要求を出して、撮影してもらうリクエストベースが基本となっている。これに対し、AxelGlobeでは、リクエストのある・なしにか

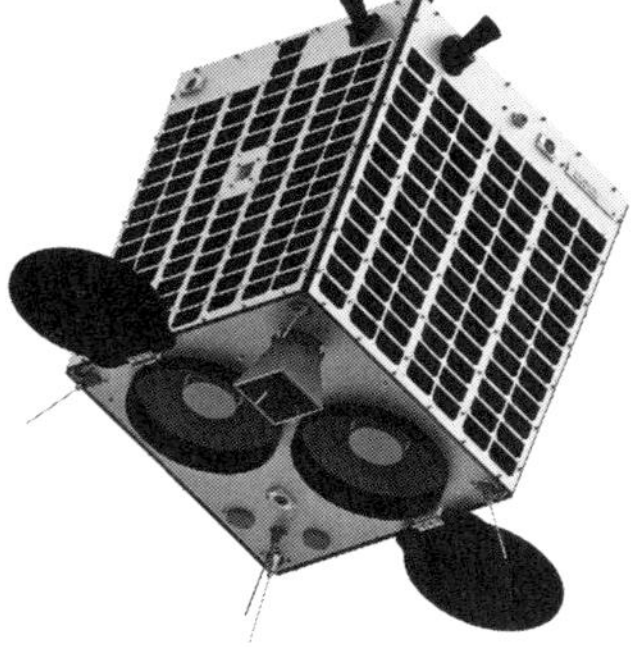

図9　次世代地球観測小型衛星GRUS

かわらず地球全土の画像をすべて撮影して保存する、ストック型である。どこかの情報がほしくなったら、すでにストックされている訳だ。このような地球観測のプラットフォームができれば、過去のデータや時間変化を分析し、未来を様々な角度から予測することができる。

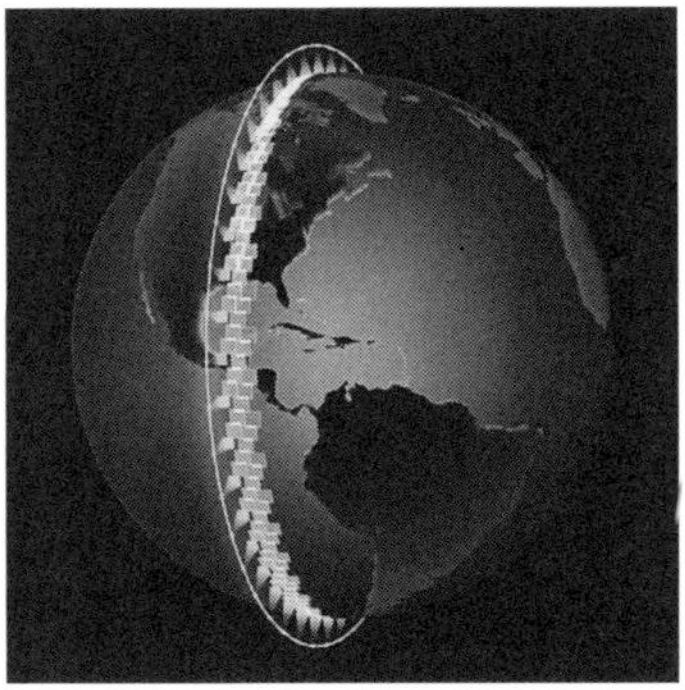

図10 GRUS五〇機を打ち上げて
地球観測網 AxelGlobe を実現

人工知能で宇宙ビッグデータを解析

人工衛星の開発力とともに重要なのが、衛星から絶えず送られてくる大量のデータを高速に分析する技術である。五〇機の人工衛星で地球を撮影した画像データの量は、一日でおおよそ二〇T（テラ：一〇の一二乗）バイトになる。おそらく、ツイッターが一日で処理するデータ量より大きく、一年間では、八P（ペタ：一〇の一五乗）バイトにもなる膨大なデータ量である。もはや人間が見て解析するなど不可能である。そこで、人工知能を活用して様々な分析を行う。画像から自動車や船舶、道路や建造物、自然物（山、森林、川、海など）を認識する。そして、時間変化を分析する。計算量は膨大になるので、スパコン活用など、最新の人工知能、機械学習の技術が役に立つ。これについては、産業技術総合研究所（産総研）や東京工業大学と共同研究も進めている。産総研の人工知能研究センターを含む、情報・人間工学領域の領域長・理事の関口智嗣さんは、東大・情報科学科の私の二年先輩で、東工大のスパコンTSUBAMEで世界的に有名な松岡聡教授は二年後輩で、大変心強い。皆、日本発で世界に向けて成功事例をつくりたいという思いが強い。

衛星データは、農業や林業、都市計画、監視やセキュリティ、あらゆる産業、企業が利用して行くことになるであろう。衛星は地球の五〇〇kmから七〇〇kmの上空をぐるぐる回っているので、Axel-Globeは文字通り、世界中に向けたサービスである。まだいろいろ課題はあるし、チャレンジングであることに変わりはないが、着実に進んでいる。

アクセルスペースは、二〇一七年春に日本橋の新しいオフィスに移って、事業を拡大中だ。新オフィスの内装やデザインもすべて自分たちでつくっていた。そもそも東京のど真ん中で人工衛星を開発するというのだから面白い。誰もやっていない小型人工衛星の事業

**図11　アクセルスペース新オフィスとメンバーたち
会社設立9周年の社内パーティ**

化という道に一歩踏み出したことですべては始まった。思いの強さと粘りが、人を引き寄せ、ビジネスを引き寄せた。誰もが応援したくなるワクワクするプロジェクト、これからがさらに楽しみである。

アクセルスペースの事例は、研究者や技術者が新しい市場のリーダーになれる可能性を示唆している。例えば、宇宙分野でスタートアップを立ち上げるには、チャンスは今しかないと断言できる。大成功を狙えるタイミングがあるとすれば、おそらく歴史上今しかない。パソコンやインターネットの創成期にも同様のタイミングがあったのと同じだ。市場がゼロから急成長するので、誰かが大成功する。自分が若いときに、そういうタイミングに居合わせるというのは大きなチャンスだ。しかし、出遅れるとチャンスはない。どんな分野でも、大きな変化の最初の段階に居合わせていると感じたら、あなたは成功する可能性のある一人ということだ。研究者やエンジニアは、技術に詳しい分、人より早く気がつくはずだ。その直感を大事にして、人より先に一歩踏み出そう。数年後には、景色はまったく違うものになっているかもしれない。

WHILL

人々を笑顔にするパーソナル・モビリティ

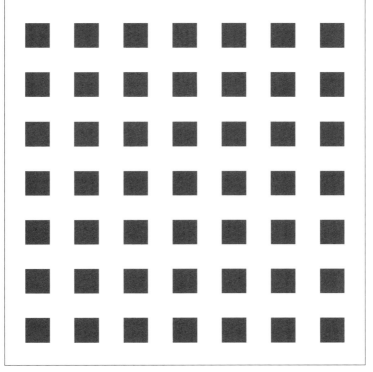

仲間とモノづくりがしたい

立命館大学を卒業して日産自動車に入った杉江理。名古屋大学工学部の同級生、内藤淳平と福岡宗明、二人は大学院（機械工学）を卒業して、それぞれソニーとオリンパスに就職した（二〇〇八年）。地方で大学生活を送っていた三人は、就職するなら東京へ出て、モノづくりがしたいと思ったという。新しいチャレンジをしたいと東京での社会人生活に期待していた三人は、大手メーカーでの仕事に物足りなさを感じていた。折しも、リーマンショック後で、世界的に経済が停滞していた時期でもあった。

そこで、内藤と福岡たちは、会社の仕事が終わった後や週末に仲間たちとモノづくりをするプロジェクト「サニー・サイド・ガレー

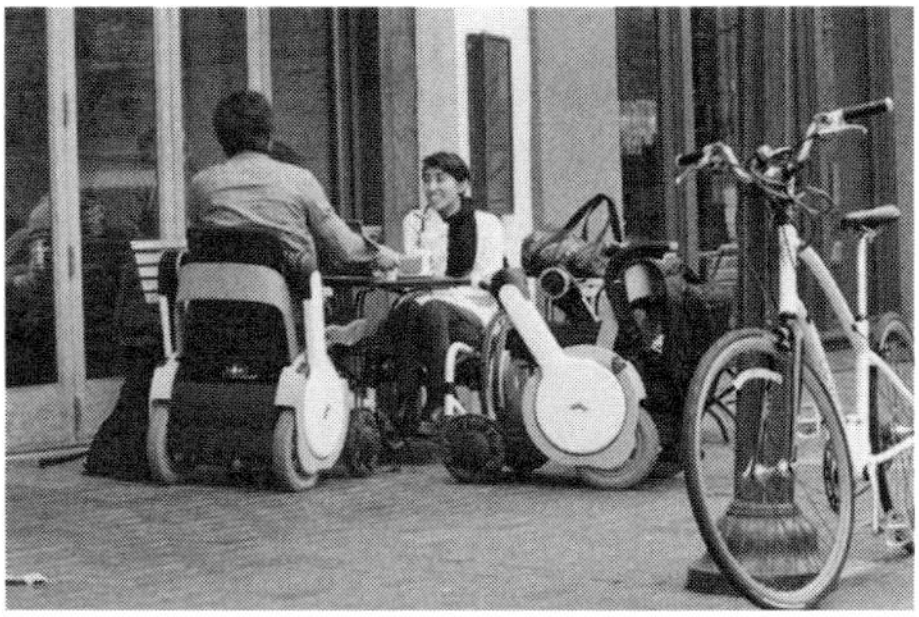

図1　新しいパーソナル・モビリティ WHILL

ジ」を二〇〇九年に開始する。アパートの一室を借りて機材をそろえ、様々なアイデアでいろんなモノを夢中でつくっていた。単に面白いだけでなく、世の中の役に立つモノをつくりたいと模索していた。大企業の場合、どうしても大きなプロジェクトの一部を担当することになってしまう。ゼロから全体の設計を考えたり、まったく新しいアイデアを試すという機会がない。そうした欲求不満もあったかもしれない。

一〇〇m先のコンビニに行くのをあきらめる

そんなときに出会った一人の車いすユーザーの言葉が心に突き刺さった。「一〇〇m先のコンビニに行くのをあきらめる」。理由を聞くと原因は大きく二つあった。一つは、ちょっとした段差でも走行が難しいという車いすの機能的な課題。そしてもう一つは、周囲から良く見られていないのでは、というネガティブなイメージ、心理的な課題であった。そこで、これまでよりも運動性能が高く機能的で、乗って出かけたくなるようなカッコいい車いすを開発して、この二つの課題を解決できないか。そんな車いす、というより誰もが

図2　サニー・サイド・ガレージ
モノづくりプロジェクトの秘密基地

乗りたくなる「パーソナル・モビリティ」を開発しようとプロジェクトが始まる。週末や夜中に時間を使い、一年以上かけてようやく試作機が完成した。そして、目標としていた二〇一一年一二月の東京モーターショーに出展することになる。試作機はとても好評で、メディアでも取り上げられ、注目を集めた。しかし、東京モーターショー出展をゴールにしていたチームに、冷や水を浴びせた方がいた。「本気でやる気がないなら、試作だけで製品化する気がないなら、今すぐやめろ」。車いすメーカーのオーエックスエンジニアリングの創業者・石井重行さんだったという。ご自身も車いすユーザーである石井さんの思いは、ＷＨＩＬＬのような車いすを見せられれば、ユーザーは期待する。製品化されないなら、ユーザーを期待させるだけ酷だ、ということだろう（石井重行さんは、もともとモーターサイクルレースのライダーで、不慮の事故で脊髄を損傷して車いすユーザーとなり、その後、既存の車いすを使うも満足せず、自ら車いすメーカーとなった方で、多くのパラリンピック・アスリート向けにもスポーツ用車いすを提供している。残念ながら、二〇一三年に他界された）。

大企業をやめてＷＨＩＬＬを起業

大企業に勤めながらサイドプロジェクトとしてスタートした車いすの開発。自分たちは果たして製品化できるだろうか。大企業を辞めて起業するというのは勇気のいることだ。そして、いざやるとなれば、製品レベルの品質や耐久性、価格、量産、販売、サポート、資金集め、とすぐに大変な課題が山ほど出て来る。どれもこれも経験したことのない未知の世界だ。たちまち不安な気持ちでいっぱいになる。しかし一方で、ユーザーや周囲の反響、期待の大きさもひしひしと感じていた。石井さんが言われた通りだ。製品化しなければ意味が無い。そして、自分たちがやらなければ、という使命感が生まれていた。

二〇一二年五月、杉江、内藤、福岡の三人は、ＷＨＩＬＬを設立した。それからの道のりは、予想通り、困難なことだらけだ。杉江は、使い勝手や機能性を試すのに、自ら二ヶ月間車いす生活をしてみたり、新しい街でＷＨＩＬＬに乗って何時間も走り回るなど、徹底的に自分で試す。真剣にほしいと言ってくれるユーザーの意見を聞いて取り入れる。目の前のユーザーを満足させて、自分でも納得

図３　WHILL の創業時（左から、CEO 杉江、CDO 内藤、CTO 福岡）

するまでこだわり切る。技術屋出身の内藤と福岡は、何でも自分でやってしまう。主にメカ担当の内藤、エレキとソフトの福岡、数々の難題にもめげず、あらゆる可能性を考えて、できる方法を考え出す。彼らと話をしていると、何でもできそうな気がしてくる。私は、そんな素敵なチームＷＨＩＬＬのアドバイザーとしてお手伝いをしている。

二〇一四年九月には約一一億円の資金調達（シリーズＡ）を実施し、量産を開始する。最初のユーザー向けの出荷を開始した。スタイリッシュで機能的な電動車いすＷＨＩＬＬ Ｍｏｄｅｌ Ａである。ＷＨＩＬＬの一つの特徴は、二四個の小さなタイヤで構成されるオムニホイールと呼ばれる前輪だ。この構造により、狭いスペースでも回転できて、小回りがきく（エレベーターに乗ったときに、中で回転できる）。この技術は、坂東一夫さんの熟練の技がベースとなっている。トヨタグループを定年退職されていた坂東さんをＷＨＩＬＬのメンバーが見つけ出し、内藤が自宅まで押しかけて、頼み込んでチームに加わってもらったという逸話がある。この前輪は、開発中に見る度に何度も改良されていた。小石が挟まりにくいように工夫

図４　電動車いす　WHILL Model A

したり、耐久性を改善したりと、細かいところを改良していた。坂東さんと話をすると、もっと振動を減らしたいなど、いつも次の改良の話をしている。ＷＨＩＬＬの技術は、多くのエンジニアの細部にわたるこだわりの結果だ。私は、これは日本人でないとできないだろうなといつも感心する。さらに、四輪駆動のパワーで、七・五㎝の段差も乗り越えられる。芝生やでこぼこ道、じゃり道でも走行できる。一回の充電（約九時間）で約二〇㎞を走行できるので、頻繁に充電する必要もない。

車いすの最大市場は米国で、世界市場がＷＨＩＬＬのターゲットである。グローバル市場の攻略は会社にとってキーになる。杉江はシリコンバレーを拠点とし、福岡は日本で技術開発チームを率いて、内藤は台湾の製造パートナーと現地につめて量産を指揮している。台湾での生産も簡単には行かない。ある程度製造経験のある台湾メーカーでもチャレンジングな製品だ。思わぬ問題も勃発するが、妥協するわけには行かない。内藤は、ほとんど台湾に張りついて、現地のパートナーと一つひとつ課題を解決して行った。

二〇一五年度グッドデザイン大賞も受賞し、販売も好調だ。二〇

図5　特徴的なＷＨＩＬＬの前輪

一五年一〇月には、東京モーターショーに出展した。二〇一一年に試作品を展示してから四年、完成した製品の展示をすることができた。

そして、二〇一六年三月、一年以上前から進めていた念願のアメリカ食品医薬品局（ＦＤＡ）ＣｌａｓｓⅡの医療機器の認可が下りた。体制の整っていないスタートアップが、最初の製品で基準の厳しい米国ＦＤＡの医療機器の承認をとるのは非常に大変なことだ。安全性や耐久性の様々な規定をクリアする必要があり、提出するドキュメントも膨大である。ＣＴＯの福岡は、本当にいろんな人に無理難題をお願いして助けてもらって感謝していると言う。さらに、ＣＦＯとして経験豊富な五宝が加わり、二〇一六年五月には、約二〇億円の資金調達（シリーズＢ）を実施し、チームの拡充、次期製品や新機能の開発、グローバル展開を加速する。

図６　製品を東京モーターショー 2015 に出展

普及型モデルを開発

ＷＨＩＬＬのユーザーは、皆さん、驚くほど協力的である。プロモーションにも協力していただいて、本当に有り難い。ＷＨＩＬＬ

図7　台湾の製造チームと CDO の内藤
第1号機の完成

図8　ビル・ゲイツに熱く語る CEO の杉江

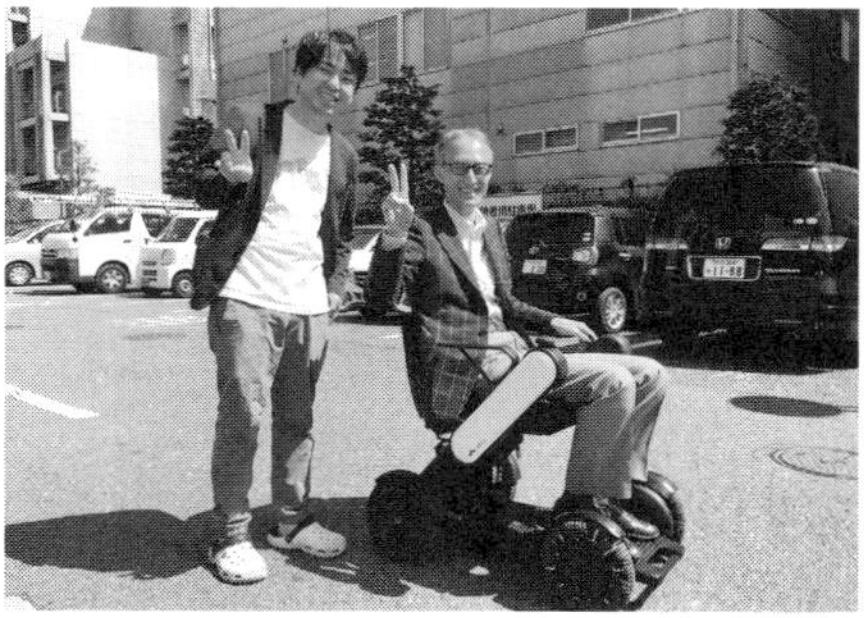

図9　軽量化した WHILL Model C　左は CTO の福岡
斜めの白のラインが特徴的なデザイン

に乗って出かけると、気分がポジティブになって、今日はいつもより遠くまで行ってみようとか、ちょっといつもよりオシャレしてみようとか、そんな気分になると言う。人々を笑顔にできる製品って、すばらしいことだ。こうしたユーザーからのフィードバックは何よりやり甲斐になる。

二〇一七年四月、ＷＨＩＬＬは普及型の新モデルＭｏｄｅｌＣを発表した。これまでに、日米で約一〇〇〇台を出荷したところで、新モデルの投入である。重量を従来の半分以下に軽量化した。さらに、車いす本体を簡単に分解して乗用車のトランクに積めるようにした。価格（希望小売価格）も四五万円と従来の半分以下とした。その他、これまでにユーザーの皆さんからいただいた要望もできる限り盛り込んで、様々な改良を行っている。

ＷＨＩＬＬの重要な要素であるデザイン、モデルＣでも斜めの白のラインが特徴的だ。私には、これが前に進めるポジティブな感覚を生むように思える。そのうち、空も飛びそうな感じだ。チームも大きくなり、いよいよジャンプするタイミングが来た。

図 10　WHILL のミッション
「すべての人の移動を楽しくスマートに」

すべての人の移動を楽しくスマートに

ＷＨＩＬＬはすべての人がターゲットユーザーとなる製品を目指している。「すべての人の移動を楽しくスマートにする」というのが会社のミッションだ。車いすと言うと、元気だからまだ必要ないと思われがちだ。そうではなく、社会にとけ込んでいつでも乗れるようにそこにある、誰もが乗りたくなるパーソナル・モビリティ、そんな未来をつくりたい。

日本は、世界に先んじて高齢化社会となり、今後「移動弱者」が増加すると考えられる。この社会課題を解決することにもつながる。さらに、ＷＨＩＬＬの機器がネットにつながることにより、歩道の情報をユーザー間で共有したり、街の情報と連動したり、様々な応用が考えられる。車いすは、移動するＩｏＴデバイスとなる。施設内では、各種センサーと連動して、例えば、入り口からエレベーターに乗って、目的の場所まで自動運転で運んでくれるといった応用もありそうだ。実際に、羽田空港ではパソナニックと組んで自動走行の実証実験が進んでいる。ＩｏＴ時代のパーソナル・モビリティに向けて、進化を続けて行くであろう。

図 11　ユーザーやパートナーを招いての WHILL 設立 5 周年のイベント（2017 年 6 月、ドローンで撮影）

一度はメーカーに就職したエンジニアたち、車いすプロジェクトを通して、やりたいことを見つけて、自分たちの力で人々の役に立てることを実感した。そして、それを実現するためにスタートアップを起業した。困っている人たちの期待も背負い、自分たちがやらなければという思いで突き進んだ。多くの仲間が集まり、多くの方々の支援も得て、ここまで来た。これからもきっと大変だろう。でも、楽しそうだ。

ＷＨＩＬＬの事例は、いつか自分も起業したいと思っている大企業の若者たちの参考になる。まずは、仲間とサイドプロジェクトからスタートするのも良い選択だ。最近では、兼業・副業を認める大企業も増えている。あなたにもできない理由はない。少しの勇気とめいっぱいの頑張りが必要なだけだ。その見返りは、ユーザーの笑顔と、何ものにも替えがたい達成感だ。仕事ってそういうものであるべきだと私は思う。

Elephantech

印刷する電子回路でモノづくり革命

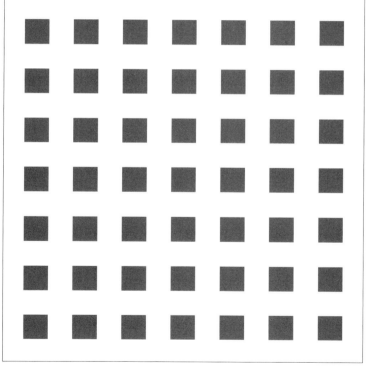

プリンターかついでやって来た

二〇一三年の一一月のある日、二人の若者が、「鎌田さんに、ぜひ見てもらいたいモノがあるんです」と言ってやって来た。後に、エレファンテック（Ｅｌｅｐｈａｎｔｅｃｈ、設立時はＡｇＩＣ）の創業者となる清水信哉と杉本雅明である。清水は何やらプリンターをかついで来た。見たところ、普通の家庭用のインクジェット・プリンターのようだ。オフィスに着くなり、「まず見てもらうのが早いので」と、プリンターをセットアップして印刷をはじめた。印刷されて出て来たのは、銀色の線で描かれた模様であった。「これ、銀インクで印刷した電子回路なんです」。さらに、回路に小さなＬＥＤの端子を導電性のテープで貼って、ボタン電池でつなげてみると、

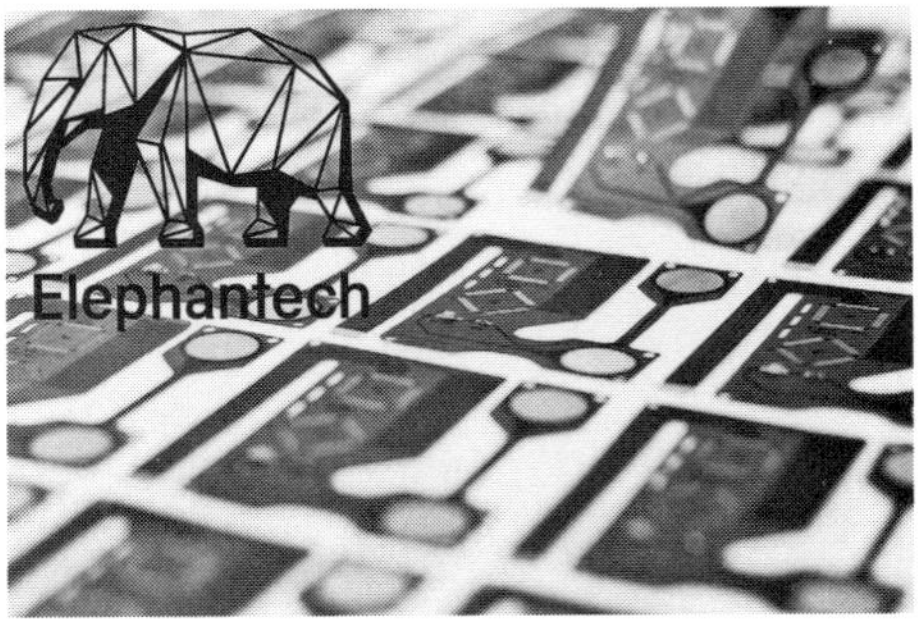

図１　インクジェット印刷で電子回路を製造するエレファンテック

確かにＬＥＤランプが光った。「おぉー」、実演デモを見ていたギャラリーが声をあげる。清水と杉本は、技術者らしく、原理をよどみなく説明し、他にも電子回路の教材の例や、クリスマスツリーの例など、次から次へと玉を繰り出してくる。

これは面白い。電子回路と言えば、緑のプリント基板を思い浮かべるが、これが印刷で自由な大きさで手軽にできる訳だ。まさに時代の流れ、タイミング的にも良さそうだ。３Ｄプリンターで、筐体は簡単につくって試せるようになった。しかし、電子回路は簡単には行かない。プリント基板業者に発注すると、時間もコストもかかってしまうというのが現状だ。モノづくりをもっと身近に、簡単にするには、この技術は非常に役に立つ。しかも、これまでの電子基板では扱いづらかった大きな電子回路や、曲面の配線など、応用も広がりそうだ。ＩｏＴで、今後あらゆるところにセンサーなどを埋め込む用途は拡大する。その際の配線ニーズにも合致している。私は、すでに将来の可能性を想像してワクワクしていた。「で、いくら出せばいいの？」。清水に言わせれば、「投資家を一〇分で説得した」というシーンであった。

図2　プリンターかついでやって来た清水

図3　回路を印刷する実演デモ

杉本は、本郷周辺の起業やイノベーション創出に興味のある学生、卒業生をつなぐキーマンで、私は二年ほど付き合いがあり、そのうちいっしょに何かやりたいと思っていた。こうして二人のチャレンジを手伝うこととなった。

世界とスピード勝負

起業するなら、早い方が良い。インクジェット・プリンターで回路を印刷する基本技術は、二〇一三年九月に東京大学の川原圭博准教授が発表した論文"Instant Inkjet Circuits: Lab-based Inkjet Printing to Support Rapid Prototyping of UbiComp Devices"(ACM Ubicomp 2013) がきっかけになっている。この論文は、UbiComp 2013 の Best Paper Award にも選出され、その後、世界中で応用研究なども活発になっている。MIT（米マサチューセッツ工科大学）発スタートアップも出てきそうだという噂もある。この分野に欧米でいくつもスタートアップが出て来るに違いない。川原先生に、技術顧問になっていただき、一気に進めて世界をリードする必要がある。

図 4　いかにも技術好きな共同創業者の 2 人
右：清水信哉（社長）
左：杉本雅明（副社長）

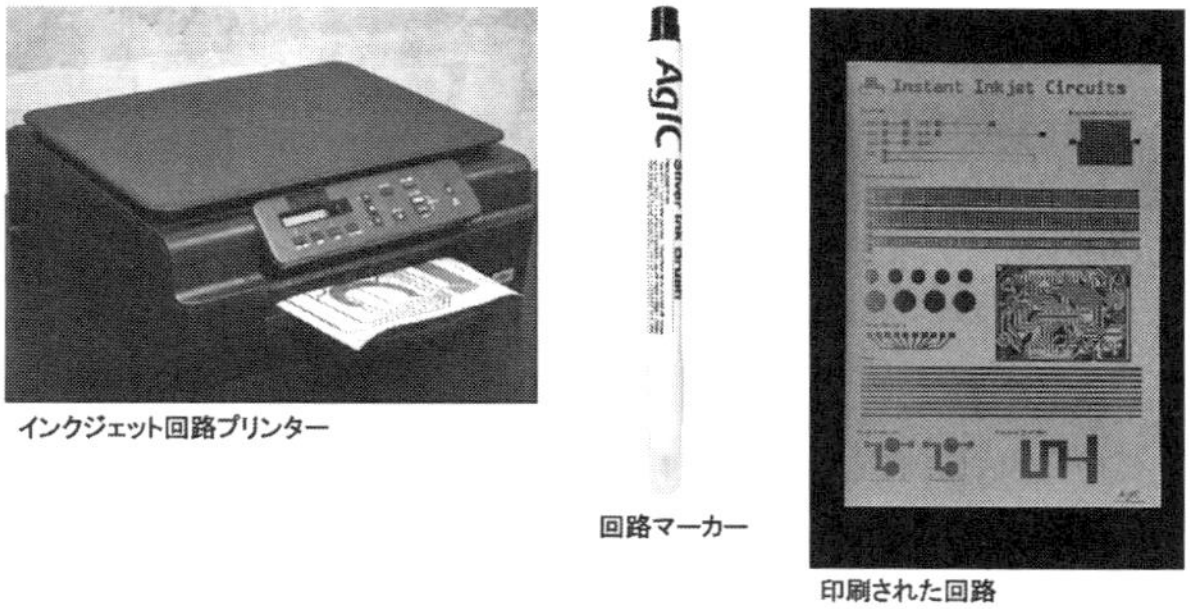

図５　エレファンテックの最初のプロダクト
回路プリンターと回路マーカー（ペン）

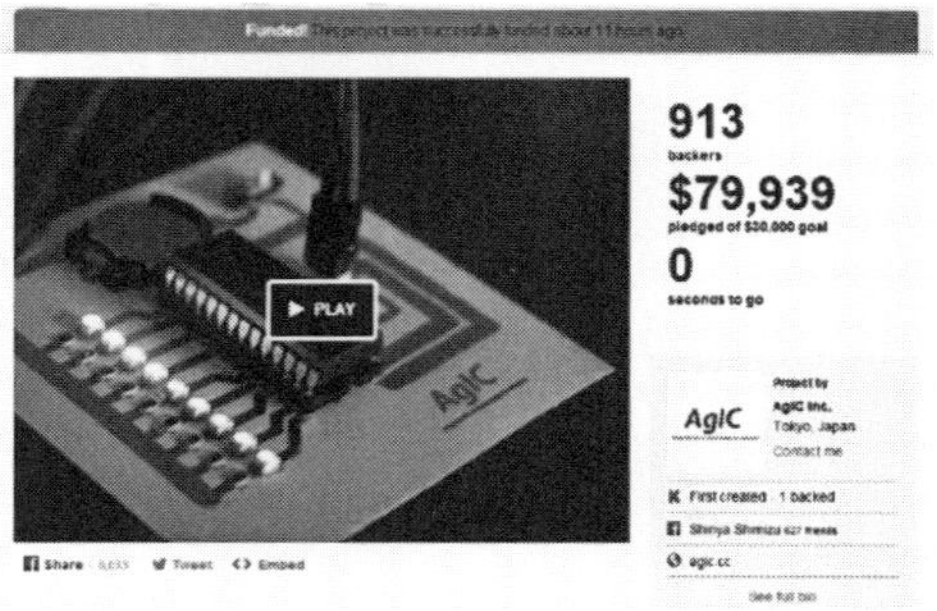

図６　キックスターター大成功、約８万ドルを集める

ところが、清水は前職の仕事が忙しく、杉本もあちこち飛び回っている状態で、新会社の準備がままならない。何とか翌年（二〇一四年）一月に会社を設立し、三月には米国のオースチンで開催されるスタートアップの祭典ＳＸＳＷ（サウス・バイ・サウスウエスト、第2章で解説）に出展して、同時に世界最大のクラウドファンディング、米キックスターターにて、製品を発表しようとなった。その前に、特許もいくつか出しておく必要がある。このタイミングを逃したくない。清水も杉本も腹をくくって、新事業にフォーカスし、全速力で進み出した。

最初のプロダクトは、銀インクで回路を描くペン（ＡｇＩＣ回路マーカー）、専用の用紙、ＬＥＤやボタン電池などのパーツも用意する。そして、回路プリンターである。インクジェットのヘッド向けに銀ナノ粒子を最適に調整する。印刷した後にすぐに乾いて電気を通すようにするために、インクと紙の微妙な調整もある。これをキックスターターで、三月初めに発表する。三月七日〜一一日の間、ＳＸＳＷの展示会でデモを行い、宣伝をする。この絶好の機会を最大限活かしたい。「もう二ヶ月ないじゃないか」。製品化に向けた開

図7　SXSW2014でも人気の展示ブース

図 8　簡単電子回路のモノづくりの例
上：光る名刺（USB で電源供給）
下：グリーティングカード

発と部材の調達、キックスターターに向けた詳細な計画づくり、ビデオ撮影、どう考えても尋常でないスケジュールだ。私は、彼らがどうやって間に合わせたか、いまだに不思議でならない。三月三日に、キックスターターで製品の事前予約がスタートした。そして、オースチンに乗り込んで、ＳＸＳＷでデモを行い、その場で興味を持ってもらって事前予約をしてもらう。結果は大成功、メディアも大きく取り上げてくれて、キックスターターは目標三万ドルを大きく上回る約八万ドルを集めた。

最初の手応えは上々だ。次は、どんな応用分野が事業として成長するか、一年目はすばやくいろいろ試す必要がある。何せ、まったく新しい市場を開拓するので前例がない。シリコンバレーのＭａｋｅｒＦａｉｒｅや、様々なイベントに参加し、可能性を広げて行った。モノづくりが注目されていたタイミングでもあり、電子回路をペンで描いたり、印刷できたりするのは、どこへ行っても子供たちに大人気であった。ちょっとしたモノづくり（クラフト）に電子回路を応用すると、楽しさが倍増する。パソコンのＵＳＢ端子に接続すると光る名刺やグリーティングカードなど、簡単に作成できる。

知名度を上げるため、清水は積極的にスタートアップのコンテストにも応募し、賞を総なめにしている。実は、ここからが難しい。事業をスケールさせるには、市場のニーズをつかむ必要がある。事業パートナーも必要だ。

大企業と組んで事業を推進

まずは教育分野、電子回路の学習というのは一つありそうだ。電子回路を学習するのに、これまでは良いツールがなかった。ハンダ付けを教えるとなると大変だ。小中学校では難しい。そこで、教育分野の大手企業と組んで、学校向けの教材を開発することにした。パートナーは、内田洋行さんと山崎教育システムさんである。両社とも、学校教材で実績があり、販売ルートも確立している。二〇一五年に製品化し、すでに販売を開始している。

プリンテッド・エレクトロニクス（インクジェット印刷による電子回路製造）の一つの特徴は、大きな回路を作成できる点である。これを活用して、光らせたり、インタラクティブに反応する大判広告をつくることができる。聴衆の注目を集めるイベント向けの企画に最適だ。この分野は、企画コンセプトをうまく具現化する必要がある。広告代理店が得意な分野だ。大手広告代理店と組んで、様々な作品を生み出している。二〇一六年末のクリスマスには、六本木ヒルズに、プリンテッド・エレクトロニクスの技術で光らせる巨大なクリスマスツリーが展示され、大変目立っていた。

清水と杉本は、企画や販売だけでなく、開発面でも日本の大企業と連携している。まずは、何と言っても、インクジェットプリンターのヘッドの技術は、日本が世界的に進んでいる。銀のインク材料、印刷用紙、導電性のテープや接着剤など、日本の製造業にはすばらしい技術が多くあり、それらを組み合わせることで、より強みを発揮できている。ぜひ、この日本発の先端テクノロジーを世界市場に提供したい。

図9　プリンテッド・エレクトロニクスを応用した巨大クリスマスツリー（六本木ヒルズ）

フレキシブル基板でドリームビッグを目指せ

このインクジェット印刷による電子回路の作成、プリンテッド・エレクトロニクスは少量多品種に向いている。今や、大量生産品よりも、個性ある多様な製品、ユーザー毎にパーソナライズされた製品といったものが望まれており、まさにこれから必要とされる技術だ。薄くて曲げられるプリント基板をフレキシブル基板（ＦＰＣ）と呼ぶが、この分野が世界的に成長している。自動車やウェアラブル、ヘルスケアなど、ＩｏＴで広がる様々な機器がフレキシブル基板を使う。この大きなパラダイム・シフトをリードできるチャンスは、歴史上今しかない。清水と杉本は、教育分野やクラフト分野も十分面白いが、自分たちが目指すべきミッションを思い直していた。

従来、電子回路はフォトリソグラフィという方式で、絶縁層の上を銅箔などの導電層で覆って回路パターンのマスクをつくり、マスクされる部分だけに導電層が残るように溶液を用いて溶かして製造する。いわば、不要な部分の銅を取り除く引き算する方式だ。これに対し、エレファンテックのインクジェット印刷方式では、導電インクで回路部分だけを印刷して、銅メッキするので、工程が少ない上に材料費が安くなる。どうやら自分たちが世界でいち早く実用化できている。もちろん、技術的にはまだまだやるべきことは多い。メッキ工場のおやじさんにいろいろ教えてもらったり、ハードとソフトの組み合わせ、化学と物理の応用、面白いけど大変だ。シリコ

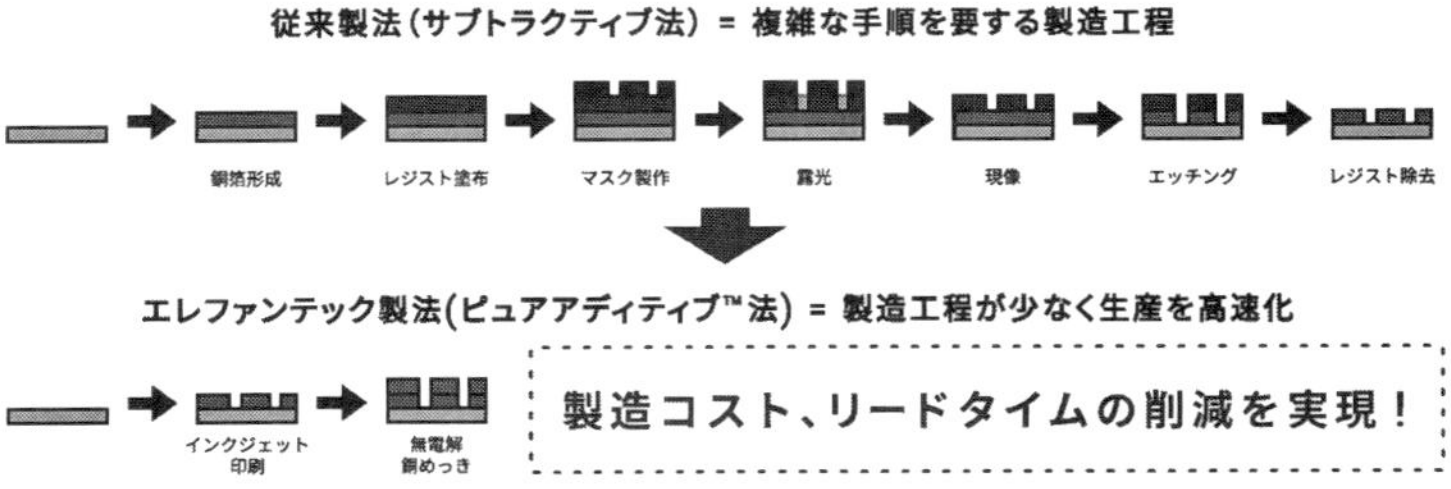

図10　従来方式とエレファンテックの基板製造工程の違い

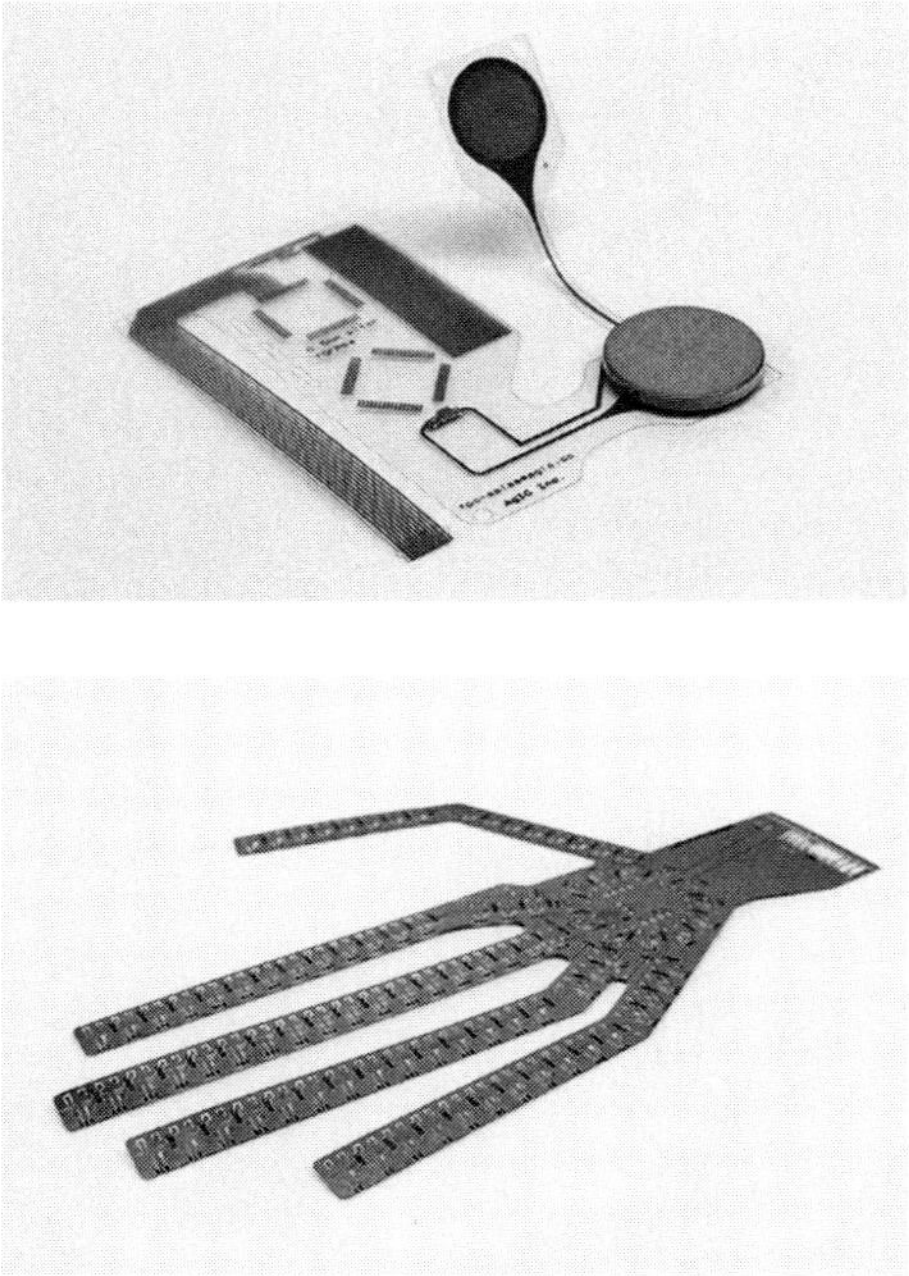

図 11　インクジェット印刷で作成したフレキシブル基板の例

ンバレーにメッキ屋はいないだろうし、日本発で世界に先行できそうなテーマである。この大きなイノベーションに集中しよう。

二〇一七年五月より、まずはフレキシブル基板の試作向けに、ネットでの注文販売を開始した。センサーやアンテナ、配線など、様々な用途で利用が始まっている。これまでの常識を破る低価格と短納期を実現している。利用者からすれば、開発段階で、試作がスピードアップし、アイデアをたくさん試すことができる。新製品の開発を加速することができる。フレキシブル基板市場は大きい。まずは試作市場を狙っていたが、想像以上に量産の引き合いがあり、量産実績もできて来た。事業を加速するために、二〇一七年九月に新たに五億円の資金調達を行った。今後の事業拡大に向けて、設備の拡充を急いでいる。このタイミングで、社名もＡｇＩＣからエレファンテック（Ｅｌｅｐｈａｎｔｅｃｈ）に変更した。エレクトロニクス技術をコアに、楽しく技術開発をしていける会社にしたいと清水は言う。ロゴも、ゾウのモチーフにした。走りながら、可能性を大きくして行く清水と杉本、そして仲間たち。私が最初に感じたワクワク感は、よりいっそう高まっている。今後の展開が楽しみだ。

エレファンテックの事例は、有望な技術を見つけてスタートアップを立ち上げたいと思うエンジニアの参考になる。タイミングを逃さない瞬発力が必要である。エレファンテックの例でも、半年スタートが遅かったら、インパクトは薄れていたかもしれない。未知の市場開拓は、可能性を端から試して、すばやく軌道修正して行くしかない。机上の思い込みは危険である。何より、そのパワーの原動力は、情熱である。何か面白いと思ったら、ぜひチャレンジしてみよう。

VLP Therapeutics

がんワクチンで世界中の人々を救う

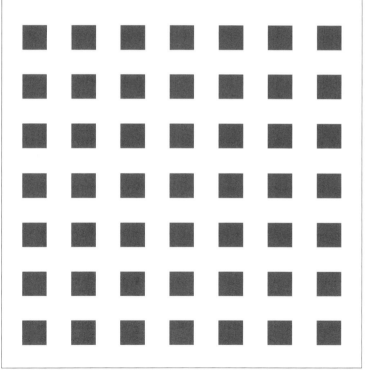

チクングンヤウイルスのワクチンを開発

東京大学を卒業後、京都大学で博士号を取得し、アメリカ国立衛生研究所（ＮＩＨ）のワクチン研究センターでワクチン開発の研究をしていた赤畑渉博士。ワクチンと言えば、私も子供の頃に、ＢＣＧ（結核）やおたふくかぜ、はしかなどのワクチンを接種した記憶がある。今でもインフルエンザ・ワクチンを接種するし、馴染みのある医薬品だ。ワクチンとは、体がもともと持っている防御システム（免疫）を利用して、ウイルスや細菌などの病原体から体を守るための医薬品である。我々の免疫システムはよくできていて、一度感染した病原体を記憶して、次に同じ病原体がやってきたときに、すばやくその病原体に対する抗体をつくり防御することができる。

図１　VLP ワクチンを開発する VLP Therapeutics 社 CEO の赤畑渉

この仕組みを利用して、病原体の毒性を弱めたり、無毒化したものをつくり、いわば病原体のふりをする抗原を病気になる前に接種することで、体の免疫に記憶させせようというのがワクチンである。ひとたびワクチンが開発されると、その効果は絶大で、これまで人類を感染症の危機から救ってきた。かつて猛威を奮っていた天然痘、はしか、ジフテリアなど今ではワクチンのおかげで、ほとんど脅威ではなくなっている。

そのワクチン開発で、赤畑を一躍有名にしたのが、チクングンヤウイルスのワクチン開発である。チクングンヤというのは、アフリカの言葉で「痛くて痛くて前かがみで歩く」という意味から来ていて、アフリカや東南アジアの一部の国から始まり、蚊を媒介として欧州やインドに広がっている。そこで、この未解決のチクングンヤウイルスに対するワクチンを研究していた。

赤畑の開発したワクチンは、チクングンヤウイルスとまったく同じ形をしている。ウイルスとは、細胞の形をしておらず、タンパク質の殻（カプシド）が遺伝子（DNA）を包み込む構造をしている。殻の外側に、タンパク質のとげ（エンベロープ）があるタイプのも

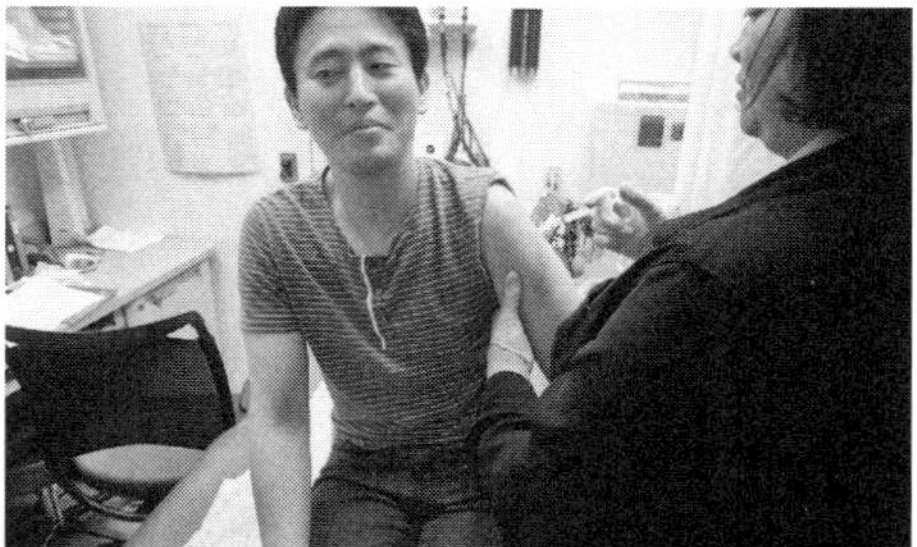

図2　アメリカ NIH でワクチンを研究する赤畑

のもある。ウイルスは生物の細胞にくっつくと、殻の中のＤＮＡを注入し、増殖して行く。そこで、この遺伝子部分だけを抜いて、外部の構造だけをうまく使うことができれば、ウイルスのふりをする安全なワクチンになるはずだ。体に入ると、異物と認識されて免疫システムが働くが、殻の中に遺伝子がないので増殖しない。このウイルスから遺伝子部分を抜いた構造を、ＶＬＰ（Virus-Like Particle）、ウイルス様粒子という。赤畑は、チクングンヤウイルスのＤＮＡ配列を分析し、そのカプシドとエンベロープの構造を安定的に生成する方法を見つけ出し、ワクチンを開発した。

　この研究成果は、二〇一〇年にメジャーな医学雑誌ネイチャーメディシンに発表され、大きな反響があった。その後、チクングンヤウイルスのワクチンは、臨床試験段階にあり、実用化へ向けて進んでいる。ネイチャーメディシンの表紙にもなったこのワクチンの構造は、非常に美しいものであった。時に自然は、奇跡とも思えるほどの美しい構造をつくり出す。この発見と発明が、赤畑をさらなるステップに導くことになる。

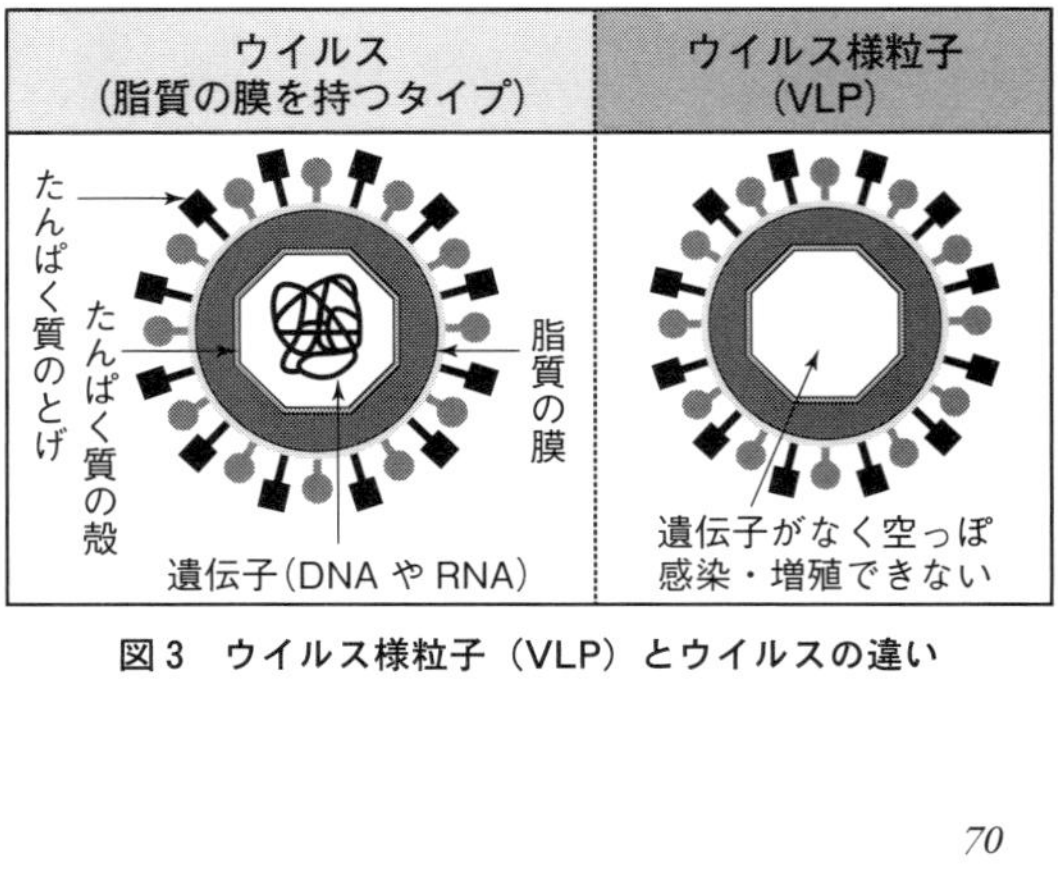

図 3　ウイルス様粒子（VLP）とウイルスの違い

ＶＬＰワクチンのプラットフォーム

アメリカＮＩＨでのチクングンヤウイルスのワクチン開発をきっかけに、赤畑は、このチクングンヤウイルスのＶＬＰ構造をいろいろと応用できると考えた。そして、研究で終わらせるのではなく、新しいワクチンを開発して実用化まで自らの手で行い、社会に貢献したいという思いが強くなった。自ら開発した薬で病気に苦しむ人々を救う。これほどやり甲斐のある仕事はない。赤畑は、二〇一二年ワシントンＤＣ郊外に、ＶＬＰ Ｔｈｅｒａｐｅｕｔｉｃｓ社を設立した。

医学はまったく専門外の私が興味を持って、お手伝いを始めた理由は、これが一つの新しいワクチンではないからだ。チクングンヤウイルスのＶＬＰをベースとして、様々な外来抗原を組み込んで、様々な病気に対応するワクチンを開発できる。ＩＴ的なアナロジーで言えば、一つひとつのワクチンはアプリケーションで、ＶＬＰ基盤技術はプラットフォームである。これにより、一つひとつのワクチンの開発コストを下げることができ、いろいろな分野の病気の専門家と組み、様々な治療薬を開発することができるはずだ。非常に

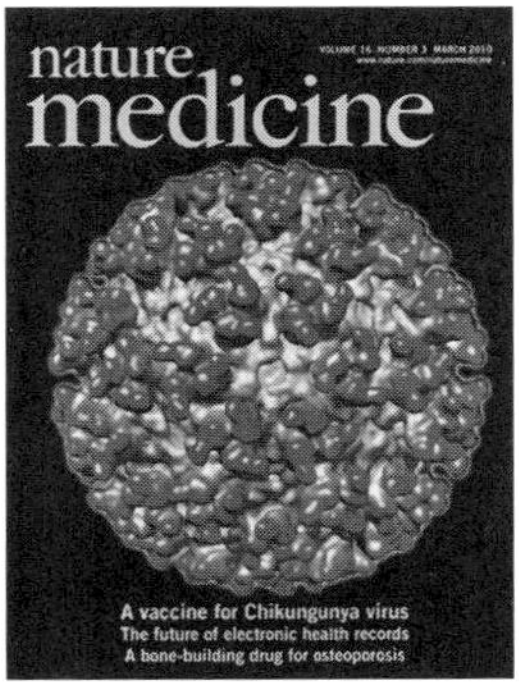

図４　Nature Medicine の表紙を飾る
チクングンヤウイルスのワクチン
（Photo：©2010 Nature America, Inc.）

魅力的なアプローチである。

具体的には、チクングンヤウイルスのＶＬＰのエンベロープ（とげ）の部分に、任意の抗原遺伝子を挿入して、粒子の表面に発現するようにする。チクングンヤウイルスの大きさ（球体としてみたときの直径）が約八〇nm（ナノメートル：一〇億分の一メートル）と、ターゲットに認識されるのに非常によい大きさである点と、粒子が正二十面体のような対称性の高い構造で、挿入したエンベロープが表面に一様に広がり結合しやすい、いわば理想的な形をしている。二四〇個もしくは四八〇個の抗原を並べることができる。このテクノロジーにより、効果の高いワクチンを開発しようという訳である。

すでにアメリカ国防省から助成金を得て、マラリアワクチンの開発が進んでいる。今後、臨床試験へと進む予定だ。薬が承認されるまでには、通常、フェーズ1からフェーズ3までの臨床試験を通過しなければならない。臨床試験では、段階を踏んで、患者に薬剤を投与して安全性や有効性を確認することになる。並行して、日本のＧＨＩＴ（グローバルヘルス技術振興基金）の資金で、デング熱ワクチンも開発中だ。日本の国立感染症研究所、長崎大学熱帯医学研究

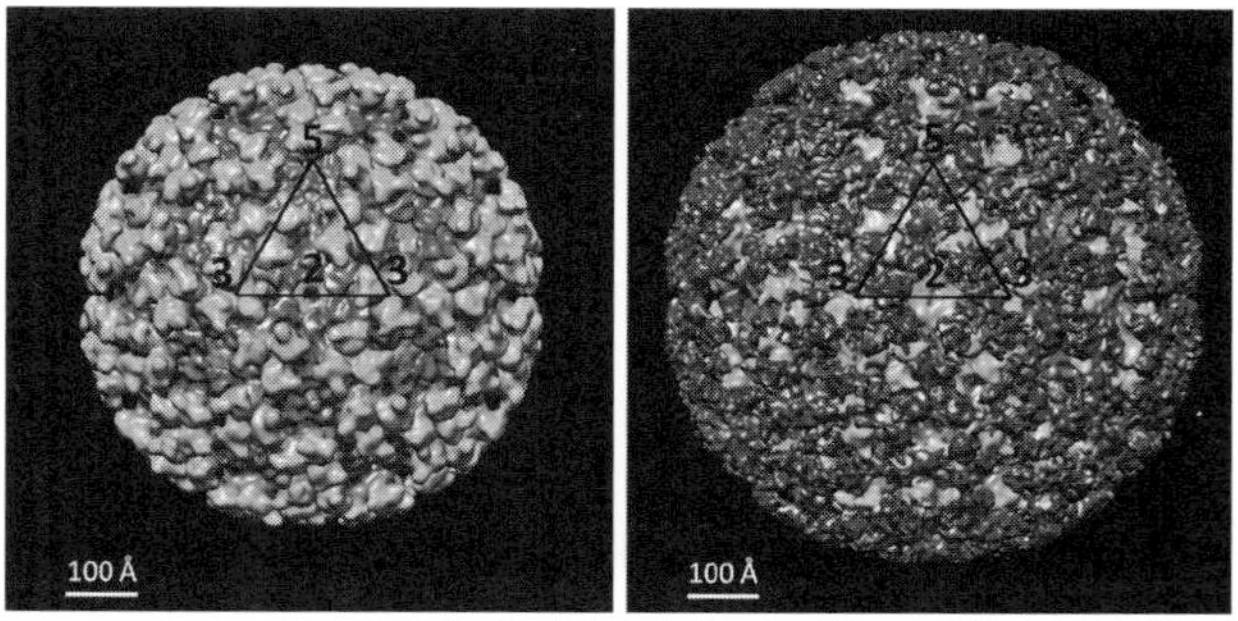

図5　VLPマラリアワクチンの構造

左：マラリア抗原をエンベロープ上に480個発現させてつくった構造
非常に対称性が良い

右：マラリア抗体がよく結合している様子

所と協力して進めている。さらに、ジカ熱のＶＬＰワクチンの研究も進行中だ。これらの感染症は、蚊がウイルスを媒介する。日本でもしばしば、感染者が報告されてニュースになっている。グローバル化が進み、人とモノが世界中を移動する中、こうしたリスクとは常に隣り合わせである。効果が高く、安全性の高いワクチンが開発できれば、病気のリスクは一気に低減させることができる。赤畑のＶＬＰワクチンへの期待は大きい。

伝説の創薬ベンチャーの先輩が後押し

赤畑が米国で起業したのは、ＮＩＨでのネットワークや臨床試験のやりやすさなど環境が整っている点がある。特にワシントンＤＣの近郊には、ＮＩＨをはじめ、ジョージタウン大学やジョンズ・ホプキンズ大学など、この分野の最先端の研究施設があり、連携しやすいというメリットもある。とは言え、日本人が米国で起業して成功するのは、並大抵のことではない。しかも、創薬分野のスタートアップは、資金も時間もかかることから、非常にチャレンジングである。

起業を後押ししてくれた創薬ベンチャーの先輩の存在があった。アールテック・ウエノ社と米スキャンポ・ファーマシューティカルズ社の日米二つの製薬会社の創業者である上野隆司氏と久能祐子氏である。赤畑の技術を評価し、その可能性に投資してくれた。ふたりは、ＶＬＰ Ｔｈｅｒａｐｅｕｔｉｃｓ社の共同創業者として参画してくれている。これほど心強いことはないであろう。

上野氏と久能氏の成功ストーリーは、創薬ベンチャーの伝説となっている。新薬の成功確率は、一万分の一とも言われており、実用化まで一〇年以上かかることもざらである。ふたりは、アールテック・ウエノ社で緑内障のレスキュラ点眼薬の開発・製品化に成功し、その後、米国に拠点を移し、新たに米国で創薬スタートアップ、スキャンポ・ファーマシューティカルズ社を創業して新薬開発に成功、米ナスダック市場に上場させている。技術開発に加えて、米国での資金調達やビジネス開拓は、とても大変であったに違いない。久能さんにお会いしたときに、米国で苦労して一番嬉しかった瞬間はどんなときでしたか、とお聞きしたところ、「米国の厳しい新薬の承認プロセスで、ようやく最終段階にたどり着き、アメリカ食品医薬

図６ Social Impact アントレプレナーを育成する久能祐子さん（左）、筆者（中央）、赤畑（右）ワシントン D.C. ハルシオンハウスにて

品局（FDA）から、当時はファックスで「Approved（承認）」という紙が出てきたときは、何とも言えなかったとおっしゃっていた。きっとあきらめずに頑張ってきて良かったと心の底から思った瞬間ではなかったかと私は思った。

赤畑が、久能さんに出会ったのは、NIHでチクングンヤウイルスのワクチンを開発していた二〇一〇年のことである。久能さんは、研究成果を実用化する方法として起業するというやり方もあると、さりげなくお話されたようである。翌年にも会う機会があり、チクングンヤウイルスのVLPをプラットフォームにするアイデアを相談し、徐々に起業に心は傾いて行く。ちょうど米国の大学から教授ポストの誘いもあり、非常に悩んだという。それはそうだろう。研究者としてのキャリアとしては、非常に良い話である。大学とスタートアップを兼務するという二足のわらじという手はないだろうか。悩んだ結果、自分のやりたいことは自らの手で新しいワクチンを実用化して、世界中に届けることだと思いを新たにして、その目標実現にフルコミットしようと決意した。二〇一二年に起業することとなる。

この素敵な出会いが画期的なワクチン開発のスタートアップを生むきっかけになった。米国で経験豊富な起業家のアドバイスを受けられるというのは、とても有り難いことである。実際、大学とスタートアップ経営の両方は難しい。一二〇パーセント尽力してもほとんど成功しないのがスタートアップである。ましてや片手間でうまく行くほど甘くはない。これで方向は決まった。新しいVLPワクチンのスタートアップだ。まずはしっかりと特許など知財を固めよう。

その久能さんは、社会課題を解決するアントレプレナーを育成するプログラム「ハルシオン・インキュベータ」を創設し、ワシントンDCの中心部にある歴史的に有名な建物ハルシオンハウス（Halcyon House）を拠点に展開されている。その他、様々なプロジェクトで、グローバルに活躍されている。

がんワクチンの開発に挑戦

感染症のワクチン開発が進む中、赤畑の次の目標は「がんワクチン」を開発することだ。二〇一六年に、日本で新たにがん患者とな

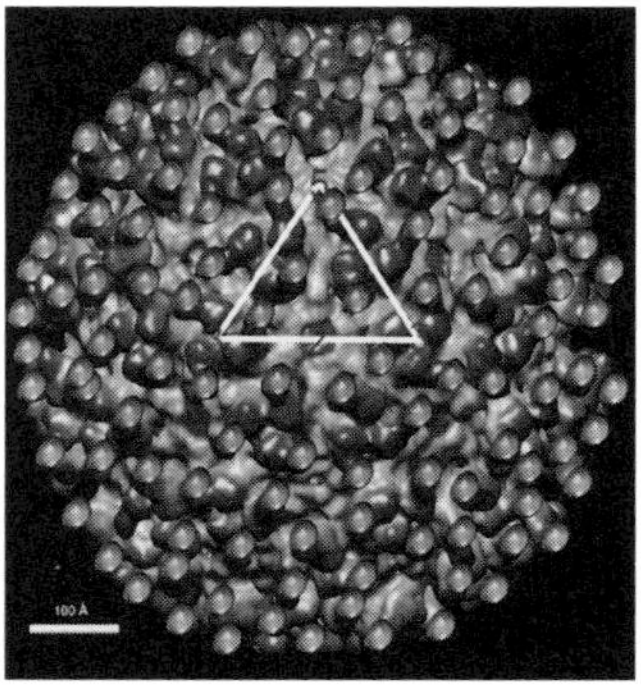

図7　VLPに抗原を挿入（とげの部分）

った人が初めて一〇〇万人を超えた。我々すべての人が、高い確率でがんになる可能性がある。がんの治療法は様々進化して来ているものの、まだまだ決め手に欠ける状況だ。高額な抗がん剤の話題が大きなニュースになったり、有力な治療法もコストの問題もある。がんへの対策は、今や医療の最重要課題の一つである。

ＶＬＰプラットフォームをベースに、しかるべき抗原をエンベロープに挿入して、がん細胞に対抗する免疫システムを活性化することができれば、がん細胞をやっつけることができる。さて、エンベロープに何を使うかが課題である。免疫チェックポイント阻害剤オプジーボなどで注目されている免疫チェックポイント（PD-1, PD-L1, PD-L2 など）を挿入する方法が考えられる。また、ある特定のがんに効果があると分かっている物質を体内で生成するためにＶＬＰワクチンで刺激を与えることも考えられる。ＶＬＰの対称性とちょうど良い大きさが、抗体を生成する免疫細胞を刺激するのに、適している可能性がある。現在、動物実験で検証を重ね、開発を進めている段階である。二〇一七年一〇月には、アメリカ国立がん研究所（ＮＣＩ）から助成金も獲得できた。今後、がんワクチンの開発を加速して行く。

赤畑は、父や親しい同僚をがんで亡くしたこともあり、がんワクチンへの思い入れはひときわ強い。ＶＬＰを応用することで、副作用のない安全な抗がん剤の開発を目指す。しかも、低コストで、広く使えることが重要である。広く使ってもらえなければ意味がない。「すべての人をがんから救い、ふつうの生活を守る」、それが赤畑の目標である。

赤畑博士の事例は、研究成果を社会の役に立てたいと思う研究者の参考になる。論文を発表して、業績が評価されるのもすばらしいが、実際に研究成果を実用化して、多くの人々の課題を解決することができれば、達成感はより大きなものとなるはずだ。さらに、人の命を救うテクノロジーとなれば、これほどすばらしいことはないと私は思う。研究者の皆さんには、実用化や社会実装を人任せにするのではなく、自ら先頭に立って実現してほしい。これからは、研究者アントレプレナー、研究者兼起業家が世界を変えて行く。

図 8　赤畑とチームのメンバー
VLP Therapeutics 社のラボにて

本章では、五つのテクノロジー・スタートアップの起業ストーリーについて紹介した。どれも事業化には時間がかかるものばかりだ。テクノロジー・スタートアップは、ネットサービスのように短期間でスケールするのは難しい。しかし、それぞれのテック起業家たちは、具体的な目標に向かって進んでいる。私は、これを夢とは思わない。大きな目標だが、一歩ずつ進めて行けば、実現可能だ。

この他にも、紹介したいテクノロジー・スタートアップはたくさんある。大学発スタートアップも増えているし、大企業を経て起業する人も増えている。皆、これこそ自分がやるべきと、熱い思いで取り組んでいる。何かに突き動かされるように動き出すものだ。

これらの事例で、テクノロジー・スタートアップ、テック起業家という選択肢に、少しでも興味を持ってもらえたらうれしい限りだ。次章からは、テクノロジー・スタートアップの起業のための思考法や進め方、チャンスが多い領域などについて紹介しよう。

第2章

大学発イノベーションの創出

革新技術で世界初の製品やサービスを開発し、世界中の人々に使ってもらうことは、技術者や研究者にとって最高の喜びだ。それによって、生活が便利になったり、世界が抱える課題が解決できるとなれば、社会的にも貢献できる。やりたいことを仕事にして自己実現し、世界をより良くする。そんなことは簡単にできないと思うかもしれないが、そうしたイノベーションを引き起こすチャンスは、驚くほど誰にでも引き寄せることができる時代になった。それを可能にしたのは、インターネットの威力とオープンなイノベーション環境だ。

起業とは、「やりたいことを実現するための手段」である。スタートアップを起業して、仲間を集め、製品やサービスを開発し、世の中にリリースする。もちろんゼロから何かを生み出すということは、大変なことばかりで、なかなか成功しないことも多い。しかし、自分たちで考え、失敗を繰り返しながら、少しずつ前に進むのは楽しいし、結果が出たときの喜びは格別だ。何せ、大きな目標を目指すワクワク感は他では味わえない。苦労あっての喜びなのだ。そんな「痛楽しい」プロジェクトは人を成長させてくれる。

実際に学生時代からモノづくりプロジェクトに参加したり、大学院を卒業してすぐに起業したり、一旦、就職して二〇代や三〇代でスタートアップをはじめるようなケースも徐々に増えてきている。それも、ソフトウェアやネットサービスのスタートアップだけでなく、モノづくりやハードウェアも扱うスタートアップが増えてきたのが最近の特徴だ。

レールをつくる側に回ろう

スタートアップという新たな選択肢

日本では、一般的に良い大学に入り、大企業に就職するというレールに乗った人生をまずは考えるのが普通だろう。大学や学校で学んだ専門知識を活かせそうな大企業や、売上や利益の大きな企業、成長分野の注目企業などは魅力的だ。ある程度専門を極めた理系の大学院の学生なら、技術や専門知識を活かせる国の研究所や大企業の研究所に入るとか、大学に残って研究者になろうと思うのが普通の進路ではないだろうか。私も、昔、大学に入った当時は、漠然とそう考えていた。というか、それ以外の選択肢を思い描けなかった。

日本の高度成長時代には、あらゆる産業が右肩上がりで成長しており、優秀な人材を大企業が獲得して、研究開発を行い、製品やサービスを開発し、継続して改良することによって、事業を拡大することができた。日本全体の人員配置としては、それなりに理にかなったことだったかもしれない。しかし、そうした時代は終わりを迎え、大きな変革のタイミングを迎えている。新しいテクノロジーによって既存の産業にきしみが生まれたり、隙間ができたり、まったく新しい分野が立ち上がりつつある。変化を先取りして、新しいことにいち早く取り組む多くのチャレンジが望まれている。生命の進化の原理から言っても、環境変化に生き残るには、多様性が必要である。つまりは、日本の若い優秀な人材が、スタートアップ側に回り、新しいレールをつくって行くこと、新たなイノベーションを引き起こし、新しい産業を創って行くことが社会の要請と言っても良いのではないだろうか。

今の大企業も昔はスタートアップだったことを思い出そう。大企業においても、新規事業の創出が課題になっている。既存事業の延長線上にない新規事業や、既存事業を脅かすかもしれない新しいビジネスモデルに取り組む必要がある。大企業内においても社内ベンチャー（スタートアップ）の創出やイノベーションを引き起こすという課題は起業と同じである。加えて、既存の組織に縛られた難しさがあるが、スタートアップ的なプロジェクトをいかに進めるかが大企業に共通のテーマになっている。

現在の経済的に豊かで、すばらしい日本を築いてくれたのは先輩たちである。大きなレールを何本も敷いてくれた。大企業に入ってレールに乗っかるばかりでは、この国の発展はままならない。リスクが高いと思うかもしれないが、そんなことはない。すでにはじめている仲間がいるのだ。皆で新しいレールをつくる側に回ろう。

プロジェクトをはじめよう

大学や大学院の学生にとって、文系や理系にかかわらず、スタートアップや起業に関する授業や講義は、あまりないかもしれない。リーダーシップやアントレプレナーシップと言ってもピンとこないし、そもそも体系化しにくい概念だ。では、スタートアップをはじめるための訓練として何をすれば良いのだろうか。私は、何か少しでも興味のあるテーマを選んでプロジェクトを企画し、実行することをおすすめする。「プロジェクト」とは、目的を設定して計画を立て、チームをつくって推進し、ゴールを達成することである。友達がはじめた面白そうなプロジェクトに参加するのも悪くない。テーマは自分の身近な課題や地域の課題でもいいし、大学での研究に関連するものでも良い。小さなビジネスアイデアも面白い。今なら、スマホのアプリを開発したり、ウェブサービスを開発するのも簡単だ。

そもそも最初から自分のやりたいことをはっきりと持っている人の方が少ないのではないだろうか。情熱の持てるテーマで起業を考えようと言われても、そんなに強い興味のあるものがまだ決まっていないというのが、むしろ普通である。では、どうすれば良いのか。まずはやってみることだ。スポーツでも何でもやってみてはじめて好きになる。好きになると、どんどんのめり込んで詳しくなり、いろいろなアイデアも出てくる。やる気と情熱が湧いてきて、自信もついてくる。やりたいことは、突然天から降ってくるものではない。何かをはじめるきっかけとは、最初は気の進まなかった友達の誘いとか、頼まれて仕方なく始めたプロジェクトとか、意外とそんなものだ。

本気でやるから何かが見えてくる

はじまりはさして重要ではない。そこから何か生まれるかどうかは、本気で取り組むかどうかにかかっている。若いときに、がむしゃらに何かに打ち込むことをおすすめする。プロジェクトをスタートしたら、当面のゴールと期間をしっかり設定することが重要だ。そして、プロジェクトに共感してくれる仲間を集めよう。仕事でも、遊びでも、人を巻き込んで何かのゴールを達成するには、リーダーシップが必要になる。何も「カリスマ」的なリーダーになることを意味しない。ゴールに対する意志の強さとこだわり、仲間を鼓舞する説得力、皆で協力する団結を導く統率力、といったことがリーダーには望まれる。こうした能力の多くは、経験と本人の努力により得られるものだと私は思う。何かのプロジェクトに参加して、経験することで習得できる。

プロジェクトがうまく行かない、難しい問題にぶちあたる、最悪の事態、といった状況にこそ学ぶことが多い。人間誰しも逃げたくなるし、あきらめたくなる。誰かのせいにしたくなるものだ。そこをふんばって、何とか乗り越えよう。自分の限界に挑戦しよう。苦しい局面を乗り越えると、次はもっとうまくできる。学生のうちに、インターンでもアルバイトでも構わないし、ボランティア・プロジェクトでも良い、モノづくりプロジェクトでコンテストに参加するなど、ぜひ挑戦して経験を積んでおくと良い。起業への良いウォーミングアップになる。

課題を見つけよう

学校では、テストや課題が与えられて、それを解いて良い点数を取ることが目標になることが多いので、問題解決能力は高まるが、問題設定自体を行うことは少ない。問題を与えられること、課題を指示されることに慣れてしまう。ところが、イノベーションを起こすのに重要なのは、むしろ課題や問題の設定である。自ら課題を見つけ設定することは、ビジネス立ち上げや事業計画でも最初の一歩である。課題が決まれば、解決方法は何とかなるものだ。知識や方法は、今やインターネットで簡単に探すことができる。人工知能が得意な領域だ。与えられた問題を疑ってかかるとか、そもそも何でそんな問題を扱う必要があるのか、もっと本質的な課題が潜んでいないか、といったことを「考える力」が、起業には役に立つ。

企業においても、若手のうちは、上司から仕事を与えられ、目標を与えられ、それをひたすらこなす、ということが多いものだ。業務処理能力が高まっても、満足していてはまずい。自ら意思決定するシミュレーションをしてみよう。起業を目指す若者には、どんな業務もそれをこなす前に、一歩引いて考えてみて、なぜそれが必要か、自分が上司ならどうするか、とメタな視点を持つことをおすすめする。社長はどう考えているだろうか、といった自分が事業全体の責任者になったつもりで考える習慣をつけよう。本質的な課題を探して、解決策を考えてみよう。自ら日々意識して学んでいけば、短期間で十分できるようになる。

研究成果を事業化する

研究者が自ら起業するのがベスト

大学の研究成果を活用したイノベーションの創出、事業化が期待されている。実際、優れた研究は多いし、実用化されないのはもったいない話だ。現在、大学での研究者の評価としては、メジャーな学術雑誌や国際会議での査読審査を通った論文業績が重要となっている。研究者は、論文を発表すると、次の研究テーマへと移って行くことが多い。私は、研究者自らが事業化や産業化、社会実装を目指すことが重要だと思う。

もちろん、研究者が自ら手をかけなくても、大学が持つ特許を企業にライセンスしたり、企業側が論文成果を見つけて、自社の製品やサービスに活用することもできる。あるいは、企業と共同研究という形で、研究成果を移管するというやり方もある。しかし、今期待されているのは、そうした他人任せの事業化ではなく、研究者自らが先頭に立って、研究成果をベースに新しい事業や産業を起こすことではないだろうか。特に、大学で研究実績を上げている助教、研究員、博士・修士の卒業生など若いトップクラスの研究者が、自ら起業したり、スタートアップに参画するのを期待したい。その分野に誰よりも詳しいリーダーが、情熱を持って語るのが一番説得力がある。

私は、技術者や研究者が起業する際に、大学や研究所とスタートアップの経営を兼任するのをおすすめしない。創業経営者としてスタートアップを立ち上げるなら、一〇〇パーセント、いや一二〇パーセント専念すべきである。有望な領域であれば、世界中にライバルがいるに違いない。ライバルはあなたと同じように間違いなく優秀だ。兼任では、大学での研究も、スタートアップも中途半端になってしまう。これでは、勝てるはずがない。

大学での研究がメインで、スタートアップにはサブで関わる場合には、アドバイザーや技術顧問という形をおすすめする。経営陣はあくまでフルコミットする熱いメンバーで構成すべきである。温度差があると、スピード感が合わずうまく行かない。また、出身研究室の教授や関連するテーマの専門家に技術顧問になってもらい、有用なアドバイスをもらうなどは効果的だ。

バイオや医療などの分野では、特別な実験装置や検査装置、クリーンルームなどの設備が必要なテーマもある。大学や研究所と共同研究をさせてもらって、装置や設備を借りられると助かる。東大などでは、大学のキャンパス内にインキュベーション施設を置き、スタートアップを立ち上げやすい環境を用意している。

大学発ベンチャー（スタートアップ）が成功するためには、大きく二つの課題をクリアする必要がある。一つは、すぐれた研究成果の素材から、産業界や市場が望むいわば「おいしい料理をつくる」こと。そして、もう一つは、そのおいしい料理を看板メニューに「繁盛するレストランをつくる」ことだ。ここまで進んで、やっと事業化といえる。

「おいしい料理をつくる」

研究のシーズ（種）を社会のニーズ（要求）にむすびつけた製品やサービス、すなわち「おいしい料理」にするためには、技術者や研究者は広い視野を持つことが重要である。技術そのものより、良い応用シーンやユースケースを見つけることが必要である。どんな課題を解決できるのか。往々にして世の中の課題は複合的だ。デザインや使い勝手など、ユーザー視点も欠かせない。机上の研究だけの思い込みは危険である。実際に一般ユーザーや潜在顧客に使ってもらって改良を重ねよう。実用化は、ロジック通りにきれいには行かないことも多い。多くの人たちを巻き込んで、現場を走り回って汗をかこう。研究者は、高度な研究になればなるほど、より専門的になり狭い領域に閉じた発想になりがちである。一方、事業化には、関連する分野や境界領域の幅広い知識や発想がキーになる。思わぬ応用に出くわすかもしれない。当事者意識を持って、どんどん外に目を向けよう。

「繁盛するレストランをつくる」

売れそうな製品やサービスができたら、それをいかに市場に出すか。料理の例で言えば、どこに店を出して、値段をいくらにして、どう宣伝して、いかにリピーターを増やすかなど、「繁盛するレストラン」にするために経営戦略が必要だ。技術者や研究者が自ら経営マインドを持って、技術だけではなく、事業全体を考えることが重要である。いくら料理がおいしくても店は簡単につぶれる。

私は若手の研究者が自ら経営も学んでスタートアップを立ち上げるのが、成功確率が高いと考える。

つまり、「オーナーシェフ」である。実際に三〇歳前後の修士や博士を取得した研究者やエンジニア、研究員や助教などが起業するケースを支援して実感としてそう感じる。テクノロジー・スタートアップの場合、重要な意思決定は、技術リスクとビジネスリスクのバランスになることが多いからだ。経営トップがこの両方を肌感覚として持っていることが強みになる。自分が誰よりも詳しければ、自信を持って説得できるし、何より自分の技術を社会に役立てたいという熱意が人を引き込む力となる。

技術とビジネスの間に境界をつくらず、もともと研究者とか、修士・博士の経営者を増やしたい。

図１　研究成果の事業化への２つの課題

博士と起業家の共通点

日本の中長期的な産業競争力の強化には、イノベーションを引き起こし、世界で成功するテクノロジー・スタートアップの創出が不可欠である。そのためには、技術者・研究者でかつ経営者となるイノベーターを多く輩出することが急務だ。私自身の体験として、研究と起業には共通点があるように思う。研究は、将来発展しそうで、まだ誰もやっていないテーマ設定が成功のポイントだ。スタートアップも大きな市場になる可能性があって、まだ誰もやっていない分野を見つけることが重要だ。つまり、すでに競争が激しい分野を選ばず、競争しないで先行する戦略だ。両者とも必要なのは課題設定のセンスである。また、新しい分野で課題の本質を見抜き、仮説を立てて論理的に検証して行くプロセスも研究と似ている。そう、研究者は起業家に向いているのだ。

もともと研究とその成果の事業化は、一つのセットであるべきで、つながっているものだ。わざわざ分けて考えることはない。大学の研究者には、自身の研究成果や研究室の成果の蓄積の事業化に興味を持ってもらい、ビジネスや経営に役に立つ広い視野や考え方をぜひ身につけてほしい。技術革新のネタは研究室の奥にあるかもしれないが、社会を変えるイノベーションはユーザーの近く（現場）で起こるものだ。企業の研究所でも、事業化を事業部門に任せるだけでは、なかなか立ち上がらない。開発者の熱意とリーダーシップが、周囲の人を動かす。自分の力で世界を変えられるのだ。

社会課題の解決

世界が抱える新たな課題

大学発の研究成果をどう活かすのか。ここでは、むしろ、課題側から考えてみよう。二〇世紀の高度成長時代には、社会インフラの整備、製造業など大きな産業を大企業と国が一体となって動かして行くことで、日本経済は成長し、効率良く回っていた。先輩たちのおかげで、我々の生活レベルは向上し、世界有数の豊かな国になった。一方で、世界は新たな課題を抱えている。二〇世紀型の大量生産・大量消費は、環境破壊を引き起こし、地球温暖化など新たな課題を引き起こしている。私は、これからは、環境にやさしく持続可能な節度ある成長、必要な人に必要なモノを結びつけて無駄をなくし、社会全体で最適化して行く、そんなライフスタイルの変革が起こると考えている。低消費電力や自然エネルギーの活用も重要テーマだ。

また、世界の人口は急激に増え続けており、このペースで行くと、二〇五〇年には約一〇〇億人になると予測されている。主に人口が増加するのは新興国で、食料・飲料水の不足、医療の不足、エネルギーなどのインフラ整備、教育格差といった深刻な問題がある。これらの分野でイノベーションが望まれている。今後、未来を切り拓いて行くには、若者たちの新しいアイデアや斬新な発想、それを実現するエネルギーとスピードが必要である。

まず目の前の一人を笑顔にしよう

何らかの障害のある方や、社会的にハンディキャップのある方の課題をテクノロジーで解決できれば、すばらしいことだ。第1章で紹介したＷＨＩＬＬは、最初に出会った車いすユーザーを助けたいという思いからスタートした。障害者向けの製品を考える場合、障害者に特化した製品を考えてしまいがちだ。そうなると、ユーザーが限定されるため、市場が小さくなってしまい、なかなかうまく行かない。最新技術を投入できなかったり、デザインが重視されず、革新的な製品を生み出しにくい。

しかし、少し視野を広げて考えてみれば、一般の多くの人が抱える課題を、障害者向けは少しシビアにしたケースと考えられるかもしれない。ＷＨＩＬＬの場合は、誰もが必要とするパーソナル・モビリティという製品と障害者向けの車いすという製品の区別をなくした。こう考えると、デザインは極めて重要ということになる。一般の人、誰もが使いたくなる製品にする必要がある。結果、市場は大きくなり、障害者ユーザーにとっても最先端のテクノロジーを利用することができる。社会的弱者が、ユニバーサルな製品へのヒントを与えてくれることはよくある。

目の前の一人の課題を解決して笑顔にできれば、次はインターネットを活用して、世界中の同じ課題を持つ人たちに製品やサービスを届けることを考えれば良い。今やソーシャル・ネットワークなどで、役に立つ情報は瞬時に世界の隅々まで届く。もはや事前の市場調査やマーケティングなどは必要ない。ユーザーの笑顔があれば、それで十分である。人々は具体的なストーリーに共感し、それを周りと共有して、同じ課題を持つ人に伝えたいと思うものだ。

家族や身近な人の課題、友人や自分自身の悩みといった目の前の課題を取り上げることが、結果的に大きな社会課題を解決することにつながるかもしれない。私は、これからのスタートアップは、事業を成長させると同時に、何らか社会的に良い効果（ソーシャル・インパクト）をもたらすことを目指してほしいと思う。世界を前に進めるには、社会課題は山積している。

失敗しないための処方箋

失敗しないための心構え

やりたいことにチャレンジしたい気持ちはあるものの失敗したらどうしよう、と思うことは多いかもしれない。実際、それほど簡単に大成功することはない。世界でまだ誰もやっていないと思うような新しいアイデアでも、世界中のどこかで同じようなスタートアップが出て来るものだ。競争は常に激しい。そんな中で成功するのは並大抵のことではない。成功事例ばかり聞かされても、ごく一部の話じゃないの、と思うのももっともである。では、スタートアップにチャレンジして失敗したら最悪どういう事態になるのか。大きな借金を背負ったり、自己破産したり、誰かに訴えられるようなことになると大変だ。そんなことはない。一定のルールに従っていれば、決してそんな事態にはならない。スタートアップを経営する上で、気をつけるべきは、自ら背負い切れないリスクを負わないことである。簡単な話、以下のようなことだ。

- **背伸びしない**
- **借金しない**
- **正直にやる**

・投げ出さない
・他人に迷惑をかけない

実力以上に力んで背伸びしても長続きしない。一番やってはいけないのは、個人で大きな借金をして、一か八かの賭けに出るようなやり方だ。これでは、事業ではなくてバクチになってしまう。また、他人の善意を当てにしないことだ。せっかくの友人関係や信頼を損なうことになりかねない。起業前にアルバイトでも何でもして、多少でも自己資金をつくり、プロトタイプを開発するぐらいまでできると良い。ある程度まで開発が進めば、クラウドファンディングで製品化前に資金を集める手もある。そうは言っても、医療機器や創薬など、ある程度大きな資金が必要な場合もある。最近では、研究の実用化に政府も力を入れているので、助成金に応募するなど方法はいろいろある。有望な技術や市場が見えてくれば、エンジェル投資家やベンチャーキャピタルの資金などを集められるはずだ。

投資家や関係者に対しては、正直に相談する。まずいことほど早く相談する方が良い。自分一人で考えているよりも、良いアイデアやアドバイスをもらえることが多い。スタートアップはそもそも成功するのは簡単ではない。逆に言えば、大成功しなくても、残念がる必要はない。スタートアップを起こして、事業を推進した経験を次に活かせば良い。むしろ、将来の成功のためのステップにすることが、いずれ成功を勝ち取るヒケツである。

技術の賞味期限

事業の中身、技術や製品、サービスがうまく行かないのは、どんな場合であろうか。簡単な話、売れないのが原因である。ニーズのあるものを提供すれば、売れるはずだ。良い技術でも先に述べた「おいしい料理」になっていないのかもしれない。機能やデザインに開発者側の思い込みがあることも多い。売り方や価格も重要だ。

テクノロジー・スタートアップの場合は、タイミングが重要である。例えば、ロケットや人工衛星などの宇宙スタートアップは、民間が宇宙事業に参入できるような政治情勢や法整備、半導体や各種部品の性能向上など、いろいろな環境が整った今だからできることである。いずれくる未来であれば、開発中の技術がブレイクするタイミングが来るまで粘れば良い。その場合、何がネックになっているのか、正確に理解しておく必要がある。通信環境、コンピュータの性能、小型化、社会的認知、規制緩和、などが関係しているかもしれない。限定的でも先に応用できる市場や分野があれば、まずそこでビジネスを立ち上げるというのも良い選択だ。

ただし、別の技術やソリューションで置き換えられてしまうとチャンスがない。技術の賞味期限を見定めることが重要だ。画像認識や音声認識の従来型のアルゴリズムが、深層学習（ディープラーニング）で一気に置き換えられてしまったり、スマホにＢｌｕｅｔｏｏｔｈ通信機能が標準搭載されて一気に普及し、他の短距離通信方式がニッチな用途に限定されることになったり、従来の遺伝子組み換え技術がゲノム編集にあっと言う間に移行したりと、テクノロジーのブレイクスルーは至るところで起きている。

失敗は良い経験

失敗とはどういう状態であろうか。端的に言えば、計画通りに開発や事業が進展せず、資金が尽きてしまう状態だ。いっしょに頑張ってくれたチームの仲間や投資家を困らせることになる。仲間については、彼らも経験という財産を得るはずだ。優秀な人材であれば、必ず次につながる。投資家に対しては、大きな利益（キャピタルゲイン）は出なくても、できるだけ損をさせない方策が望ましい。つまり、会社を高値でなくても売却するとか、技術や特許などを売って投資分をいくらか回収するなど、やり方はいろいろある。こうした収束のさせ方ができる起業家は、ある意味、投資家から見ると信頼できる。大成功はタイミングなので、あなたが次に何かにチャレンジする場合に、再度応援してもらえる可能性が高い。一番やってはいけないのは、うまく行かなくて投げ出してしまうことだ。結果はどうあれ、やり切ることが重要である。

スタートアップを起業して、数年間それに全精力を注ぎ込んで成功しなかったとしよう。創業者はまったく儲からなかった。数年間必死で働き続けたけど、金銭的リターンはゼロ。あなたが失ったものは何であろうか。大企業で働いた場合に得られる収入、もしくは昇進機会ということになるかもしれない。個人的な借金をしなければ、自らの初期投資分が金銭的にゼロになる。では逆に、あなたが得たものは何であろうか。このスタートアップの緊張感溢れる貴重な経験、その間に身につけた様々なスキル、苦労を共にした仲間たち、多くの人に巡り会った人的ネットワークなどが、あなたが得た財産である。これらは他では決して得られない貴重な財産ではないだろうか。新規事業を立ち上げたい大企業も、こうした経験を持つ人材はほしいはずだ。他のスタートアップに参画して経験を活かす手もある。この経験を持って、将来、再度スタートアップに挑戦するのも良い。二度目のスタートアップの成功確率は高い。

という訳で、私には、若いうちにスタートアップにチャレンジするデメリットはまったく、あるとは思えない。失敗しても、それを経験にして次に進めば良いだけの話だ。ただし、本気でやらないと良い経験にならないし、成功するはずもない。一生懸命頑張って、何かをやり遂げるということは、結果はどうあれ、人を成長させてくれるものだ。

東大発スタートアップが世界に挑戦

Todai To Texas プロジェクト

米国のテキサス州オースチンで毎年三月に開催されるスタートアップの祭典ＳＸＳＷ（サウス・バイ・サウスウエストと読む）インタラクティブは、できたてのスタートアップが新しい技術や製品を持ち込むイベントだ。ここで評判になると、一気にビジネスが立ち上がる。ツイッターなどＳＸＳＷをきっかけにブレイクしたスタートアップは数多い。ＳＸＳＷは、もともとインディーズの音楽祭とし

図2　東大チームをテキサスSXSWへ

て始まったイベントで、映画祭が加わり、その後、インタラクティブ（テクノロジー）が加わって拡大した。今や一〇万人以上が参加する巨大カンファレンスである。まさに、未来のトレンドを先取りするイベントになっている。ここ数年、このSXSWのトレードショー（展示会）に東京大学関連スタートアップが数多く出展して話題を集めている。

二〇一三年の秋、もともと東大界隈でモノづくりやスタートアップに興味のある若者たちの発案で、「Todai To Texas（TTT）」プロジェクトは始まった。その中心人物、杉本雅明（後にエレファンテックを清水信哉と共同創業）と下川俊成（TTT運営リーダー）の話はすばらしいアイデアだった。国際的なイベントに積極的に出て行って、自分たちの製品や技術、ビジョンを世界の人々に伝えて視野を広げる、そして世界中の人々とつながってイノベーションを起こすきっかけをつくる。何チームかいっしょになって

図3　スタートアップの祭典 SXSW
（サウス・バイ・サウスウエスト）インタラクティブ

協力して参加すれば、存在感も発揮できるかもしれない。ターゲットは、ＳＸＳＷインタラクティブのトレードショーへの出展、つまり世界デビューである。これは面白い。私は、全面的に協力している。

東京大学の産学協創推進本部がこのアクティビティの主催者となり、菅原岳人先生が積極的にリードしてくれている。学生や若手チームの背中を押して、東大発スタートアップの創出へつなげる一つの試みだ。応募チームは選抜されると、ＳＸＳＷへの出展費用、オースチンへの旅費・宿泊費がすべてカバーされる。出展準備もフルサポートしてもらえる。まさに、世界デビューへの切符を手にすることができるという訳だ。

ＳＸＳＷで世界デビュー

ＳＸＳＷ二〇一四（二〇一四年三月）には、ユニークな六チームが出展し、東大発スタートアップのコーナーには多くの来場者が訪れ大変にぎわっていた。センサーとプロジェクション・マッピングを組み合わせたハイテクビリアードのオープンプール（ＯｐｅｎＰｏｏｌ）、電子回路をインクジェットプリンターで印刷するプリンテッド・エレクトロニクスのエージック（ＡｇＩＣ、現在はエレファンテック）、小型人工衛星のアクセルスペース、リストバンド型ウェアラブルのモフ（Ｍｏｆｆ）、セッション演奏デバイスのＢＯＭＢ、外骨格の動作拡大型スーツのスケルトニクスの六チームである。

スケルトニクスのデモは大人気で、常に見物客でいっぱいであった。取材に来ていた米国のテレビ局からぜひ番組に出演してほしいと依頼され、急きょ夜の番組に生出演したほどである。スケルトニクスは、その後日本でも大人気で、子供向けのイベントや体験会など引き合いがひっきりなしとなった。二〇一四年の大晦日には、ＮＨＫの紅白歌合戦の氷川きよしのバックダンスに登場するなど、思いもかけぬ展開となっている。ＴＴＴに応募して、わずか一年の出来事である。

参加チームには、大変刺激のある経験となった。どんどん質問してくる来場者の意見は参考になるし、良いところは思いっきりほめてくれる。もちろん、ダメ出しも厳しい。世界で通用するか、肌で感じることができる。渡米前は英語が通じるか心配とか、不安な気持ちもあったかもしれないが、実際行ってみると何とかなるものだ。思わぬ出会いがあったり、新しい気づきも生まれる。チャレンジする若者たちにＳＸＳＷの観客は好意的だ。四日間の展示会で、ヘトヘトになりながらも、皆来て良かったと振り返っていた。

二年目の二〇一五年は、３Ｄプリント義手のイクシー（ｅｘｉｉｉ）、スマート農業センサーのＳｅ

図4　デモが大人気のスケルトニクス
米テレビ番組にも生出演（SXSW2014）

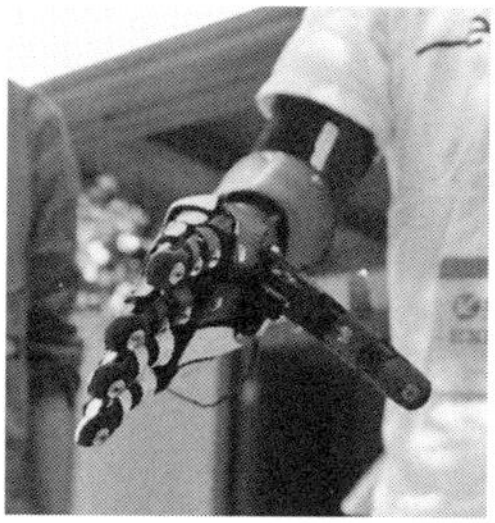

図5　3D プリント義手 exiii
（SXSW2015）

図6　スマート農業センサー
SenSprout（SXSW2015）

図7　着られるセンサー
Xenoma（SXSW2016）

図8　水のリサイクル
HOTARU（SXSW2016）

図9　スマイル・
エクスプローラー
（SXSW2016）

図10　ポット型音声レコーダー
OTOPOT
（SXSW2016）

ｎＳｐｒｏｕｔ、自律飛行型ドローンのＰｈｅｎｏｘ、超音波で粒子の浮遊を制御するＰｉｘｉｅＤｕｓｔなど、かなり尖ったハードウェア・モノづくりチームが選抜された。加えて、ロボット開発のユカイ工学、ＰＬＥＮなども参画して、総勢一〇チームが出展した。ＴＴＴコーナーは相変わらず盛況であった。細部にこだわりデザイン的にもすぐれた作品や製品は、目の肥えた来場者の評判も良く、世界中のメディアが取り上げてくれた。ＩｏＴ（Internet of Things, モノのインターネット）が新たなトレンドとして注目されており、日本勢の存在感を示した感じだ。

三年目の二〇一六年は、八チームが出展した。着られるセンサーE-Ｓｋｉｎ（Ｘｅｎｏｍａ社）、水のリサイクルを可能にする持ち運び可能なコンパクトなシャワーＨＯＴＡＲＵ、赤ちゃんの笑顔を認識し記録するベビーカーのスマイル・エクスプローラー、ポットのメタファーで自然に操作できる音声レコーダーのＯＴＯＰＯＴなどである。他では見かけない一歩進んだＩｏＴデバイスが集まった。学生チームが開発した古いスマホをＩｏＴデバイスにコンバートして再利用を可能にするｐｈｏｎｖｅｒｔは、大量の中古のスマホの有効活用という社会課題に挑戦した。ｐｈｏｎｖｅｒｔは、この年、ロンドンの The Design Museum の展示に招待されるなど、大きな反響があった。ＨＯＴＡＲＵは、展示会場でリサイクル・シャワーの実演をするなど、米国や海外のメディアにも多数取り上げられていた。その後、スタートアップを立ち上げて製品化を進めている。

図 11　BionicM チームが SXSW Interactive Innovation Awards（Student Innovation 部門）を受賞

図 12　SXSW で東大のセッションも盛況
“Weird Startups from the Univ. of Tokyo”

図 13　吃音障害体験
デバイス STACHA
（SXSW2017）

図 14　光るグローブ
Groove（SXSW2017）

図 15　人の音声を別の人の音声に変
換する NeuroVoice
（SXSW2017）

図 16　猫背を感知するデバイス
Neko エレクトロ
（SXSW2017）

義足ロボットがイノベーション・アワードを受賞

二〇一七年は、単に技術的に優れているだけでなく、社会課題の解決を意識したチームが参加した。利益を追求するだけでなく、社会課題を解決する事業を立ち上げる「ソーシャル・インパクト」は世界的な動きになっている。そんな中で、東大のロボット研究室の学生チーム（ＳＣＨＡＦＴの創業チームの後輩でもある）の義足ロボットＢｉｏｎｉｃＭが、かつてツイッターも受賞してその後急成長したことで知られる SXSW Interactive Innovation Awards を受賞するという快挙があった（Student Innovation 部門）。九歳のときに骨肉腫のために右足を切断したリーダーの孫小軍は、自ら義足を装着して登壇した。テクノロジーの力で、義足を必要とするすべての人に、高性能な義足を低価格で提供したいというビジョンに、会場の参加者からは立ち上がっての暖かい拍手となった。

この他にも、吃音（きつおん）障害を体験できるデバイスを開発して、吃音障害への理解を呼びかけるチームＳＴＡＣＨＡ、ダンサー向けの動きに連動して光るグローブＧｒｏｏｖｅ、ディープラーニング技術で音声を別の人の音声に変換するＮｅｕｒｏＶｏｉｃｅ、センサーで猫背状態を知らせてくれるデバイスＮｅｋｏエレクトロなど、バラエティに富んだチームが集まった。ＴＴＴコーナーは、例年通りにぎやかな展示となった。

ＴＴＴプロジェクトでは、トレードショーの展示だけでなく、自分たちの活動を発表するセッションも行っている。東大・菅原先生から、東大のスタートアップ創出のエコシステムの紹介があり、私もＩｏＴ時代になって、日本からハードウェアも絡めた元気なスタートアップが多く出て来ている現

図 17　SXSW2017 の Todai To Texas 参加チームの集合写真

状を紹介した。セッションはたいへん盛況で、日本の尖ったスタートアップへの関心は高かったようだ。

二〇一七年は、ソニーやパナソニックなどの日本の大企業も多く出展しており、製品化する前の試作品を展示して、ユーザーのフィードバックを得る試みをしているところが多かった。大企業内のスタートアップ的なプロジェクトの一つの発表の場となっている印象だ。若手のメンバーがこういった場で刺激を受けると良いと思う。やはりこういったイベントは、参加して情報収集するだけではつまらない。当事者となって発表すると、人生の転機となる出来事があったり、思わぬヒントをもらったり、多くの学びを得ることができるものだ。また、経産省のベンチャー支援プログラムで、ＳＸＳＷ出展を支援するプログラムがあり、全体として日本勢の数は大きく増えた印象である。

ＴＴＴプロジェクトは、四年間で約三〇チームが参

図 18　Todai To Texas 参加チーム（2014 年〜2017 年）

加し、大きな成果を上げている。当初の狙い通り、米国のテック好きな人々の心をつかみ、海外のメディアにも多く取り上げられた。テクノロジー・スタートアップのデビューにＳＸＳＷを活用する試みは、他の日本企業やスタートアップの参考となり、多くの企業が日本から参加するようになった。大企業も、オープンイノベーションやＰＲの目的で参加するようになってきた。そういう意味では、ＴＴＴ自体も、スタートアップ的な開拓プロジェクトだった訳だ。本書を執筆中も、ＳＸＳＷ二〇一八に向けて、継続してプロジェクトが進行中だ。将来は、他のイベントや地域も含め、活躍の場を開拓して行くようになるかもしれない。

クラウドファンディングも併せて活用

ＳＸＳＷの展示に合わせて、参加チームのＡｇＩＣ、Ｍｏｆｆ、Ｂｏｃｃｏ、Ｐｌｅｎはこの機会を最大限活用すべく、世界最大のクラウドファンディングのキックスターターを利用して、製品の事前予約を開始した。それぞれ目標金額を達成してプロジェクトを成功させている。来場者に興味を持ってもらって、その場で予約してもらう。メディアに取り上げてもらうのも効果的だ。各社これをきっかけに、事業を進展させている。

ＡｇＩＣは、その後、第1章で紹介したように、エレファンテックに社名変更し、プリンテッド・エレクトロニクスの産業応用という大きな市場を狙っている。Ｍｏｆｆは、ウェアラブルを活用したデジタルヘルスの分野に進出し、事業を加速している。コミュニケーション・ロボットを開発するユカイ工学は、その後Ｂｏｃｃｏの販売を開始し、その他の様々なロボットも開発している。プレンロボティクスは、キューブ型の新たなロボットＰＬＥＮ ＣＵＢＥを開発中だ。それぞれ今後の展開が楽しみである。

私は、こうしたプロジェクトを若者たちが自ら主体的に推進し、世界を目指そうという志をとても気に入っている。何かを与えられるのではなく、自ら目標を設定して、手作りで進めて行くこと自体に意味がある。参加チームは、東大の卒業生が起業したスタートアップの場合もあるし、学生チーム、学生＋社会人、個人プロジェクトと様々だ。ＳＸＳＷを経験した結果、起業しようと考えることもあるし、もう少し練り直そうという場合もある。いずれにしても、一つプロジェクトをやり切ることは、すばらしい経験になる。

このＴｏｄａｉ Ｔｏ Ｔｅｘａｓの例のように、いきなり起業しなくても、自分のアイデアを試しり、チームで課題に挑戦するやり方はいろいろある。ＤＡＲＰＡのチャレンジ・コンテストやＸｉｚｅ（米Ｘプライズ財団が主催するコンテスト）のような大きな課題をテーマにしたものから、企自社のリソースを開放してアイデアを募るようなビジネスコンテスト、一日あるいは数日で集中て行うハッカソンやアイデアソン、その他様々なモノづくりの挑戦の機会がある。ぜひ、チャレンて経験を積もう。プロジェクトを通して、自分のやりたいことが見えてきたり、大きなチャンスかめたり、未来に向けたヒントになったり、何かが変わるはずだ。まずはスタートして、一歩前進もう。

図 19　Moff

図 20　Bocco

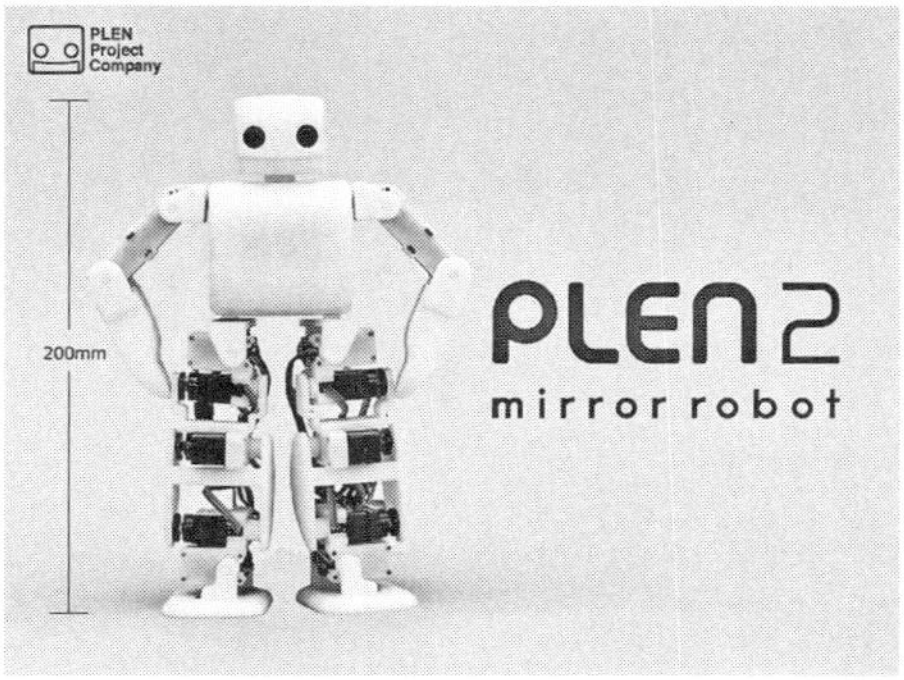

図 21　PLEN2

第3章
スタートアップ流モノづくり

ソフトウェアやインターネットサービスなどのいわゆるＩＴ（Ｉｎｆｏｒｍａｔｉｏｎ Ｔｅｃｈｎｏｌｏｇｙ）の領域は、ハードウェア製造と違い、アイデアとビジネスモデル、ソフトウェア開発力で勝負できるので、優秀な人材さえそろえば、事業を開始できる。スタートアップがリードしてきた分野である。一九九〇年代のパソコンの成長期、続いて二〇〇〇年頃からのインターネットの爆発的な成長期に多くのスタートアップが成功した。成功のポイントは、タイミングとスピードである。

最近では、ソフトウェアやサービスだけでなく、ハードウェアを絡めたスタートアップが増えているのが特徴だ。従来は大きな資本や販売力が必要であったハードウェアビジネスが画期的に身近なものとなった。もともと日本では、細部にこだわるモノづくりの精神が脈々と受け継がれている。３Ｄプリンターなどの工作ツールの進化、ネット販売の浸透、ソーシャルメディアによる新しい情報の伝達・拡散、クラウドファンディングを活用した新しい資金の集め方、これらのネット時代の新たな環境が、ハードウェアビジネスの進め方を根本的に変えた。

一方で、市場のニーズも大きく変化しつつある。人々の関心は、大量生産品ではなく、自分の好みに合ったモノに移っている。背後にある作り手の思いやストーリーに共感することで、その製品やサービスに興味を持つ。いつもと違う体験や、新たな発見、ワクワクするテーマといったものを望んでいる。そうしたモノや体験は日常生活をより自分らしく楽しくしてくれるし、人生を豊かにしてくれる。作り手側には、いわば「新たな豊かさの創造」が求められている。多品種少量の柔軟で機動力のある開発体制、ユーザーとの対話やパーソナライズが必要になっている。これらのモノづくりへの要求はスタートアップが得意な領域だ。

本章では、特にハードウェアも含めた事業を立ち上げるハードルが一〇年前から比べるとはるかに下がった点を紹介する。大企業においても、新しい市場のニーズに応えるため、スタートアップ的な新規事業の進め方を取り入れるとメリットがある。

オープン環境がイノベーションを加速

オープンテクノロジー

もともとソフトウェアの業界で、オープンソースが広まり、開発者の間で世界的にソフトウェアのソースコードを共有する動きが活発になった。初期成功したオープンソースの事例として、Ｌｉｎｕｘがある。サーバーやパソコン、スマートフォン（Ａｎｄｒｏｉｄ）やデジタルテレビなど多くの機器で使われているOSだ。今では必要なものがオープンソースで見つからないことの方がめずらしいぐらい、暗号ソフトから人工知能のディープラーニングまで、様々な機能のソフトウェア、ライブラリ、ツールがそろっている。これらを活用する文化も定着して、目的のソフトウェアをゼロから開発しなくても済むようになった。こうしたソフトウェアの資産を活用すれば、新規の部分の開発に注力することができる。また、インターネット上に様々な開発者コミュニティがあり、開発者間の情報交換や協力体制が充実してきている。こうした動きは、この一〇年で大きく広がった。

同様の動きがハードウェアにも伝搬し、オープンハードウェアが登場した。ハードウェアの設計情報が公開され、開発ツールやライブラリも提供されている。最近よく使われている例では、ワンボードマイコン（CPU、メモリー、入出力I/Oを備えた電子基板）のArduinoがある。シンプルな設計なので使い勝手が良い。IoTデバイスや小型ロボットなどのプロトタイプの開発や、スタートアップの製品によく使われている。仕様が公開されているので、自分で拡張することも簡単にできる。オープンハードウェアを活用すれば、ハードウェアの開発もゼロから行う必要はなくなった。

さらに、3Dプリンターで出力する設計データも様々公開されている。イノベーションを起こすには、これらを土台に新たに必要な部分を開発すれば良い。ソフトウェア、ハードウェアの進化の速度は目覚ましい。研究開発の段階から事業化までのコストは、以前よりもかなり下がっている。いわゆる「イノベーションの死の谷（デスバレー）」は、オープンテクノロジーを皆で協力して支え、活用することによって、乗り越えやすくなって来た。世界中の成果を土台に、どんどん高層ビルを建てている感じである。

科学研究もネットで加速

インターネットの効果で、先端技術や新たな発見の情報共有の流れは、すべての科学分野で進んでいる。例えば、ゲノム科学では、ありとあらゆる動物や植物のゲノム情報が毎日のように解読されて報告されている。世界中の研究者は、すでに解読されているゲノム情報をもとに先の研究を進められる。二〇一二年に発表されたばかりのゲノム編集クリスパーキャス９の編集ツールも、様々な目的のものが世界中で開発され日々増えている。これらの最新情報はネットで共有され、ゲノム編集の応用研究を加速させている。

論文発表も、科学雑誌や国際会議での発表の前にアーカイブ（ａｒＸｉｖ）などに投稿して、研究者間で情報交換、意見交換することが普通になっている。専門家同士の議論が先に進み、論文審査が後追いになることもある。科学技術の成果をできるだけオープンにして行こうというオープンサイエンスの考え方は、ネットの普及でより広がりを見せている。イノベーションは、今や世界の知の集積、それもリアルタイムに更新される情報を活用して、さらにその先を行く競争になっている。もはや大企業であっても、内に閉じた研究開発では世界をリードできないのは明らかだ。世界の動きを捉えて、先端技術をうまく組み合わせることで新たなイノベーションが生まれることも多い。スタートアップのスピードとフットワークの良さが、この加速するイノベーションの時代に合っている。

ビジネスツールも充実

会社を運営して行くには、製品開発やサービス開発はもちろんのこと、経理や会計、営業管理、宣伝、求人・採用など様々な業務がある。昔であれば、それぞれ専門の人材を採用したり、外部にアウトソースするなどしたものだ。起業したばかりの小さな会社にとって、こうしたコスト負担はそれなりに重い。今では、こうした会社運営に必要な業務のためのクラウドサービスもいろいろそろっている。エンジニアだけのスタートアップでも、少し勉強して、こうしたクラウドサービスを活用すれば、経理・会計、営業管理、プレスリリース、求人、名刺やパンフレットの作成、ジョブ管理などの細かい業務もほとんどできてしまう。本当に便利な時代だ。

ソフトウェアの開発自体も、クラウド型の開発環境、ソースコード管理が今や一般的である。チーム内のコミュニケーションもチーム向けのクローズドなＳＮＳやチャットなどのコミュニケーションツールも沢山ある。これらのツールで、時間や場所に制約されない開発が可能である。しかも、ほとんどがオープンソースとか、基本機能は無料のサービスで、小規模のときはコストがかからない。

ネット時代のモノづくりはキックスタート

大企業のモノづくりの限界

家電製品などのハードウェア製品のビジネスは、初期投資が大きく、在庫リスクがあり、売れ残ればとたんに資金回収ができなくなる、というイメージがある。大きな資本が必要でスタートアップにはハードルが高い事業であった。ハードウェア製品を市場に出すには、量産（製造）、流通や販売網、宣伝やマーケティングなど、開発以外に多くの機能が必要になり、それぞれ専門のチームや部門を動員することになる。もちろん、社外のパートナーと組んだり、業務を外部に委託することもある。一つの製品を市場に出すには、これらすべてに関わる費用を見積もり、一連の業務の全体計画を立案する必要がある。そして、すべてのコストを見込んだ上で、利益がでるように組み立てる。これが事業計画という訳だ。

大企業では、大量生産を効率的にこなすために組織化されており、各部門がそれぞれの役割の専門性を発揮するように最適化されている。実際、右肩上がりの高度成長時代には、この組織力が高品質を生み出す強みとなった。しかし、まったく新しい製品を開発して、ゼロから新たな市場を開拓するようなときには、この仕組みが足かせになる。大企業の従来型モデルでは、製品を小規模で出す場合であっても必要な機能は変わらない。各部門を動員することになり、どうしてもかなりのコストがかかってしまう。必要な人員や予算を確保するために事業計画は非常に重要ということになる。事業計画が承認されないと何も進まない。

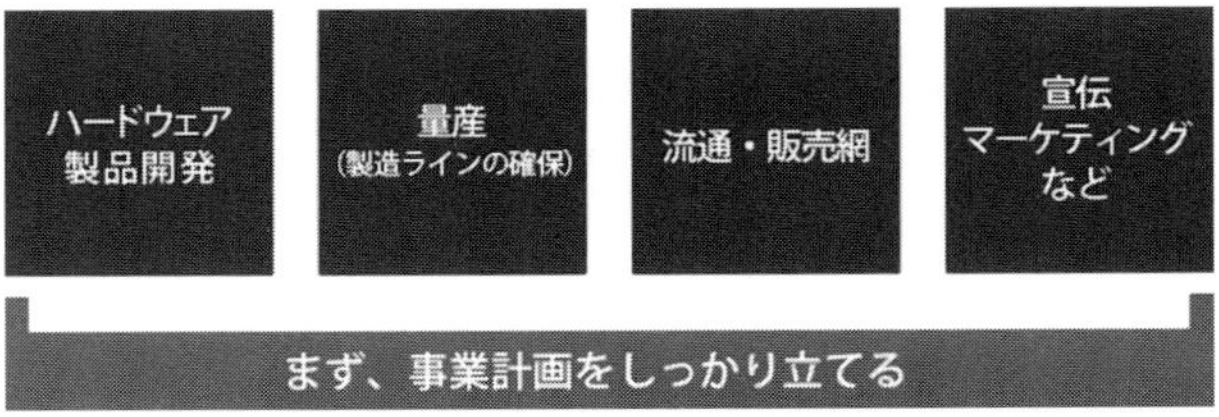

図1　大企業モノづくりの従来モデル

「やってみないと分からない」と言いたいけど

まだどこも出していないような新製品や新規事業の場合、正直やってみないと分からない。しかし、これでは事業計画にならないし、事業規模を小さく出すと、事業計画は承認されないだろう。何度も修正し、やっと承認されたころにはスケジュールがギリギリになってしまい、開発にしわ寄せが来るというのはよくある話だ。あるいは、すでに研究開発レベルではできていたのに、製品化でライバル会社に先を越されてしまったということもあるかもしれない。

また、ネットとスマホの普及で、シェアリングやサービスモデルなどビジネスモデルの転換にチャンスがある。しかし、既存事業を破壊する心配があるので、なかなか進められないことが多いのではないだろうか。まさに、「イノベーションのジレンマ」により、至るところに隙間ができている。そこに、従来のモデルとはまったく違うモノづくりのスタイルで、スタートアップが登場して来た。

エンジニアが主役「まずモノをつくろう」

モノづくりの原点とは、「何かを開発して、誰かの役に立つ」ということ

図2　モノづくりスタートアップが多く集まる MakerFaire（米シリコンバレー）

だ。ソフトウェアの世界では、これまでも多くのスタートアップが登場し、新しい市場を切り開いてきた。そして現在、リアル世界とインターネットが結びつきＩｏＴ（Internet of Things）と呼ばれる分野で、続々とスタートアップが登場して来ている。

その背景には、３Ｄプリンターやレーザーカッター、簡易ＣＮＣ（コンピュータ数値制御）装置などの安価な工作ツールの進化がある。これらのツールを活用して初期開発のコストや時間を大幅に短縮できる。また、３Ｄプリンターなどの装置が整備されたラボやスタートアップ育成施設、テックショップなどが登場し、装置を買う必要もなく、様々なアイデアを格安で試すこともできる。一〇年前とは大違いだ。

さらに、インターネット販売により世界に向けて小ロットでも製品を販売できるようになり、ソーシャルメディアの口コミでファンを増やすことができる。プロトタイプ（試作品）を開発して、クラウドファンディングで製品を発表し、事前予約してもらうのも効果的だ。これらのネット時代の新たな環境がモノづくりの世界を一変させた。

こうした新しい手法を活用すれば、「事業計画がいらない」ぐらい低予算で、エンジニアがつくりたいものを全力で開発して、製品販売までたどりつける。「エンジニアが主役」の時代が来た。まずはつくって見せる。世界初のワクワクするような革新的な製品には、資金も人材も集まる。必要な資金と人材は後からついてくるという訳だ。

ネット販売とソーシャルメディアを活用

在庫管理や、流通、販売、代金回収、商品の発送などの一連の業務は、一〇年前には経験や資本力がないとなかなか手が出せなかった。ところが、ネット販売の世界最大手のアマゾンドットコムでは、この一連の業務を代行してくれる。製品を組立工場で梱包してアマゾンの倉庫に送れば、在庫の管理をしてくれて、発送から集金まであとはすべてやってくれる。手数料も手頃だ。

スタートアップは、ハードウェアの基板設計、筐体・ケースの設計、ソフトウェアの開発などに注力できる。エンジニアチームだけでできてしまう。量産は、パートナーが必要だが、規模に応じて経験あるところと組めば、アウトソースできる。実際、工場や倉庫、販売店を持たず、メーカーになれる。さらに、自分たちが得意なところ以外は、すべてアウトソースして、ユニークな製品を開発することさえ可能だ。

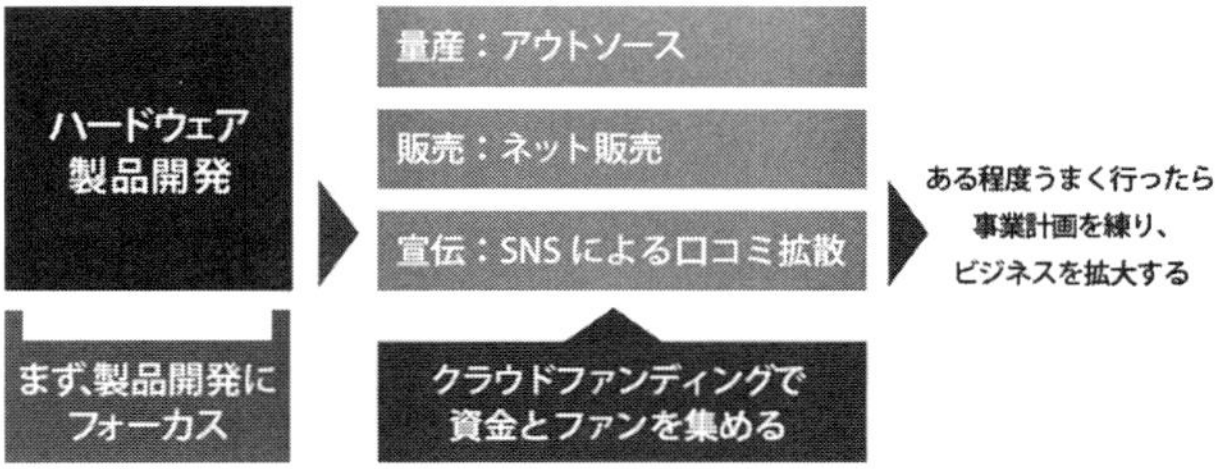

図３　モノづくりスタートアップの
キックスタートモデル

フェイスブックやツイッター、その他のＳＮＳ（ソーシャルネットワークサービス）で、今や一瞬にして、ニュースがネット上の人のつながりで世界中に広がる。斬新な製品をリリースしてソーシャルメディアで注目されれば、ファンがファンを呼び、大きな宣伝効果が期待できる。製品誕生のストーリーや開発者自身の熱い思いを伝えるなど、舞台裏を見せることで親しみがわく。また、開発段階からユーザーの意見を聞いて、ユーザーを積極的に巻き込んで一緒に開発して行くというオープンなやり方も効果的だ。こうした手法をうまく使えば、開発プロセス自体が宣伝にもなる。

クラウドファンディングによる資金調達

初期開発コストが下がったとはいえ、ある程度の数量のハードウェア製品を製造するには資金が最初に必要になる。そこがソフトウェアとは大きく違うところだ。この部分をクラウドファンディングが解決してくれる。

世界最大のクラウドファンディングのプラットフォーム、米キックスターターは二〇〇九年の設立以来、大きく成長している。同社の発表によれば、二〇一七年十月時点で、累計一三万件以上のプロジェクトの成功を達成し、この時点で世界中の一三五〇万人以上の支援者から、三三億ドル以上の資金を集めたとしている。中には一〇〇〇万ドル以上（一〇億円以上）を集めたプロジェクトもある。まだ製品ができていない段階に、事前予約として、これだけの金額が先に入るのだから驚きである。

多くの場合、クラウドファンディングの仕組みはこうだ。資金調達をしたいプロジェクト投稿者が製品の説明、開発スケジュールを含めたプロジェクト全体の内容、想定されるリスク、値段、調達目標金額などを詳細に説明する。プラットフォーム側は、これを審査の上でネットに公開する。支援者（Ｂａｃｋｅｒ）は気に入ったプロジェクトに資金を提供する。期間内に（通常一ヶ月から二ヶ月）支援金額の合計が目標金額に到達すれば、プロジェクト成立となり、その時点で初めて資金移動が起きる。目標金額に達しなければ、プロジェクトは不成立となり、資金提供は行われない。キックスターターの場合は、調達資金の五パーセントをプラットフォーム側の手数料として取っている。もちろん、多くの製品がクラウドファンディングに登場するので、その中で注目を集めるのは大変なことだ。紹介ビデオなどのアピールが重要になる（ビデオの内容と実際に達成できることとのギャップが大きく、問題になるケースもしばしば発生している）。成功するのは簡単ではないが、誰にでもチャンスがある。最近では、日本でも様々なクラウドファンディングが登場して、モノづくりスタートアップを支えている。

クラウドファンディングは製品の市場性をはかる一つのバロメーターでもある。どの地域や性別、製品のバリエーション（色など）に人気があるのかなどを分析できるし、製品化した場合の販売数を予測できる。また、支援者からのコメントやリクエストは製品の改良の参考になる。資金と同時にファンを集め、いっしょに開発を進めて行くというスタイルも斬新だ。メディアに露出して宣伝する目的もある。ヘッドマウントディスプレー（ＨＭＤ）の「オキュラス・リフト」はキックスターターで二〇一二年九月に二四〇万ドルを集め、その後、アプリ開発キットもリリースし、二〇一四年三月にフェイスブックが二〇億ドルで買収すると発表した。わずか一年半の出来事である。日本からも革新的な製品を一気に世界にデビューさせて、大成功を狙うことも夢ではない。

スタートアップが刺激する日本のモノづくり

モノづくりも小さくスタート

ソフトウェアに加えて、ハードウェア開発も資金的に小さくスタートできるようになった。ヒューマノイド・ロボットや人工衛星などのハードテックともなると、手軽にやってみるという訳には行かないが、工作ツールの進化による試作のしやすさ、コンピュータの性能向上などもろもろの進化が組み合わさり、小さなチームでも挑戦できるようになった。

クラウドファンディングやソーシャルメディアの活用は、いわばオープンに潜在ユーザーを製品コンセプトやサービス構想の段階から巻き込んで、プロトタイプや試作機を開発し、製品化して行くようなものだ。オープンに進めることで、ライバルが出てくる可能性もあるので、スピードが勝負だ。

こうした開発手法は小さなチームでユーザーと一体となって新しい市場を開拓して行くやり方と見ることもできる。

一方、大企業は既存事業に最適化された従来組織やプロセスに縛られている。ベースのコストが高いので、新しい製品を開発して世に出すには、精緻な事業計画が必要で、簡単には進まない。すでに豊かになった日本をはじめとする先進国では、もはや一様な量産品は人々の興味を引かない。既存製品の改良品ではなく、新たな体験を提供するようなユニークな製品やサービスが今後のニーズになる。大企業は既存事業に忙しいので、新しい動きに目を向けるのが遅れるものだ。ここに、スタートアップにとって大きなビジネスチャンスがある。

巧みの技もスタートアップ

日本には、様々な巧みの技が全国に存在する。皮製品や木工品、織物、焼物や漆器、ガラス加工品など、シンプルで美しいものが多い。いわゆる伝統工芸品である。スタートアップ的なやり方で、こうした製品のビジネスを大きくすることができるかもしれない。自ら新しい製品を企画し、クラウドファンディングで、ユーザーを募集するやり方もある。ネットを活用して、ファンを呼び込むこともできそうだ。人々は、まったく縁のなかった分野でも、作り手の思いや開発のストーリーに共感して、応援したくなるものだ。多くの人は、専門店に行くほど知識や興味はなくても、日常と違う何か、見たこともない技には引かれるものだ。従来は、こうした製品は、広く顧客と接点を持つことが難しかった。スタートアップ流モノづくりで、伝統工芸品もこれまでとはまったく違うユーザーとつながり、新しい展開が開けるかもしれない。

また、日本には、モノづくりが好きな、モノづくりを大事にする文化がある。精度の高い部品加工や、高い設計・製造能力を持つ町工場も貴重な存在だ。ハードウェアを手がけるスタートアップが、設計や製造で助けてもらうこともしばしばだ。

町工場としても、大企業からの受注ばかりでなく、スタートアップと共同で新しい製品を開発して、世界にデビューさせることができたら面白いのではないだろうか。若者たちは、ネットを駆使して、ファンを増やしたり、口コミで販売する新しい手法に慣れている。やりながら改善していくスピード感は、大企業とはまったく違う。スタートアップと組んだワクワクするモノづくり、町工場の技術力の高さを世界に示す機会にもなる。こうした協業や交流に刺激を受けて、町工場自体もスタートアップ的な方法を取り入れ、自社製品を開発し、世界にデビューするところも出てくるかもしれない。イノベーションを起こす最初のきっかけは、自分たちにもできるかもしれないという少しの勇気や人との出会いといったものだ。テクノロジーが好きな人たちの間での化学反応は、大きな変化を生むかもしれない。

長年続く老舗企業や中小企業においても、新たなテクノロジーを応用して新しい展開があるかもしれない。二代目や三代目の経営者が既存事業を受け継いだとしても、それに留まる必要はない。スタートアップ的にイノベーションを起こせる。

図4　ソニーから独立したVAIOの安曇野工場
高レベルな製造ノウハウがある
（VAIO株式会社 EMS事業 https://vaio.com/ems/
Photo: ©2014 VAIO CORPORATION）

大企業の量産ノウハウの活用

実は、モノづくりスタートアップが量産でつまずくことは少なくない。数台動くものをつくるのと、数千台、数万台の製品を安定して量産するのは、まったく違うことだ。故障しにくい機構、手配しやすい部品の選定、組み立てやすい構造、検査のプロセスなど経験が必要になる。こうした本格的な量産という段階になると、量産ノウハウのあるところに頼みたい。品質の管理も心配だ。大企業も工場をある程度国内に戻す傾向にあり、今後、大企業の工場のラインの空きを活用して、スタートアップの製品も扱ってくれるのではないかと期待している。事例として、ソニーのパソコン事業が独立したＶＡＩＯ株式会社と、スタートアップとのコラボを紹介する。ＶＡＩＯの安曇野工場（長野県）は、ソニーのロボットＡＩＢＯやパソコンなどを長年製造してきた技術力の高い工場である。ＶＡＩＯは、新規事業として、自社製品以外の製品の製造も開始して、スタートアップの製品も扱ってくれている。設計、製造、量産、アフターサービスまで手がけてくれており、日本のトップレベルの量産ノウハウ、品質管理を惜しみなく提供してくれている。経験のないスタートアップには、非常に有り難い。

スタートアップでも、現在は台湾や中国の製造業者に量産を委託する場合もある。ある程度確立して安定した製品を大量に製造する場合には、大手ＥＭＳ（製造受託サービス）を活用するのもありだが、小規模であれば実は日本でもそれほどコストは変わらないことが多い。仕様の調整や品質管理、スケジュール調整など、海外とのやりとりに苦労した方は多いのではないだろうか。特に、スタートアップの最初の製品の場合には、日本でスムーズに進める方が得策かもしれない。いずれはどこでも製造できるようにすべきだが、最初は最も重要なことにフォーカスする方が成功する確率が高い。

今後、製造業全般にロボット化などによる製造ラインの自動化がより進む。人間が介在する部分が減り、海外生産の安い人件費との差がなくなり、モノの移動の手間を考えると、国内で生産する方がメリットが大きくなる可能性がある。そうなると、品質基準や検査の方法を決めたり、細かな調整を行うといった本来人間が行うべき仕事が重要になる。ハードウェアやソフトウェアも、ロボット生産しやすい構造にして、製造コストを下げる設計を最初から意識する時代になるであろう。

大企業からスタートアップを生み出す

ハイリスクプロジェクトの進め方

新たな課題に対して、イノベーションを生み出し新規事業を立ち上げることは、大企業においても重要なテーマである。スタートアップを立ち上げやすくなった利点は、大企業でも活用できるのではないだろうか。大企業の経営陣も、製品のライフサイクルが短くなり、変化が激しく不確実性の高い時代に向けて、これまでとは違うやり方でイノベーションを起こしたいと考えているはずだ。大企業内でスタートアップ的にイノベーションを起こせないか考えてみよう。大企業の研究者や技術者にとっても、すべてがそろっている大企業の中で新しい製品開発からリリースまでを迅速に進められれば、言うことはない。

では、どうすれば実現するのであろうか。先に述べたように、既存事業に最適化された組織の中で、新規ビジネスを検討すれば、多くの場合、事業規模が小さすぎてゴーにならない。既存組織で効率を追求すればするほど遊びがなくなり、新しいアイデアが生まれにくくなる。そもそも現在稼いでいる主力事業では失敗は許されない。大企業の従来モデルに当てはめるのは難しい。やってみないと分からない、リスクの高いプロジェクトに対して、それ相応の投資で進める仕組みをつくれば良いのではないだろうか。

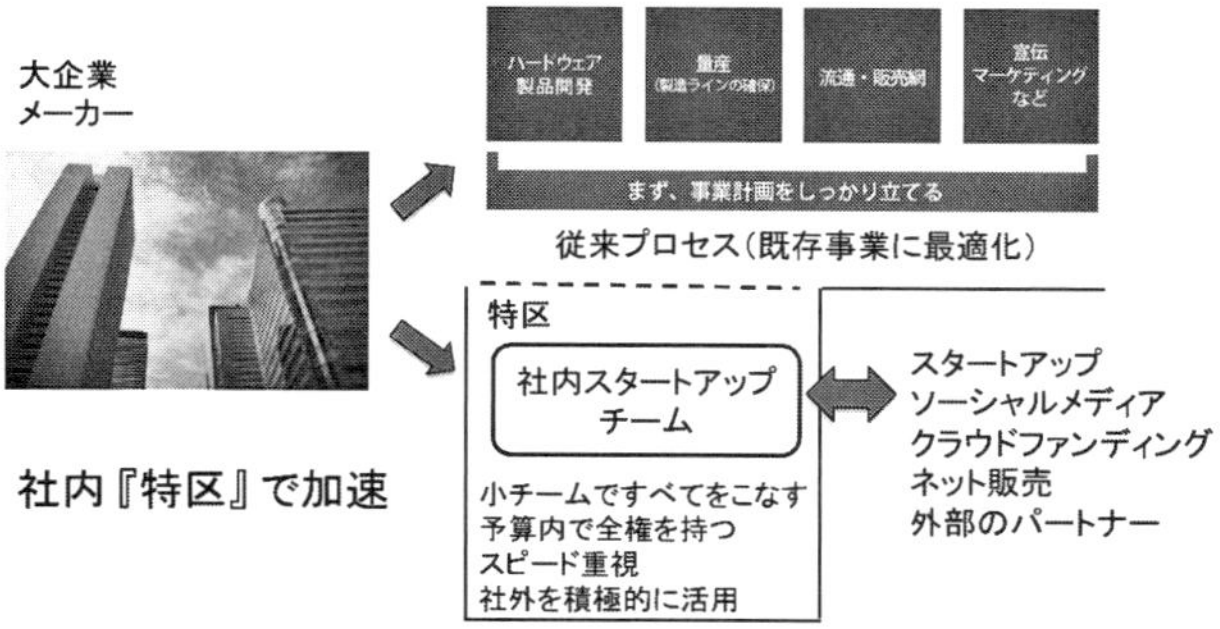

図５　大企業からスタートアップを生み出す

一〇件中二〜三件がヒットして、一件大きな事業に育てば良い、といった確率の話の場合、初期段階で一件あたりそれほど大きな投資はできない。大企業の社内コストは高いので、既存事業のように各部門をフルにアサインすることもできないはずだ。このような場合、既存のプロセスとはまったく別に、特別プロジェクトとして推進するのが望ましいと考えられる。

大企業内にスタートアップ特区をつくる

大企業内に特別ルールのいわば「特区」をつくるのが早道ではないだろうか。既存のルールやプロセスを変更するのは、時間がかかるし、全社に適用するとなると慎重にならざるをえない。社内にスタートアップ特区をつくり、トップの承認のもと推進できるようにする。やる気のある少数精鋭のチームが承認された予算内で全責任を持つ。予算は大きくなくて構わない。クラウドファンディングを活用したり、顧客を先に獲得するなどして、資金集めも自分たちでやれば良い。社内稟議（りんぎ）なし。このチームがすべての意思決定をして良いとすることが重要だ。まさにスピード重視のスタートアップ的な進め方である。大組織のすりあわせでは、尖ったイノベーションは生まれない。

実際、このような取り組みを始めた大企業が出て来ている。米ＧＥ（ゼネラル・エレクトリック）は、いち早くリーンスタートアップのコンセプトを企業内に取り込んだ「ＦａｓｔＷｏｒｋｓ（ファストワークス）」を実践している。ソニーは、二〇一四年からＳＡＰ（シード・アクセラレーション・プログラム）という社内の新規事業創出プログラムを開始して、いくつも面白い製品を出し始めている。社内のベテラン社員が「加速支援チーム」として参画し、設計や製造など経験が必要な部分を支援するという。さらに、ソニー自らクラウドファンディングＦｉｒｓｔ Ｆｌｉｇｈｔ（ファーストフライト）を開設して、早い段階で顧客接点を持とうという意図がうかがえる。大企業のオープンイノベーションをうたった活動は活発だが、事業化の本気度とチームの推進力が重要だ。やらされている仕事ではなく、どうしてもやりたい仕事でないと成功しない。

社内特区では、スピードを優先して、外部のサービスやパートナーも積極的に使って進めれば良い。スタートアップは最新の便利なクラウドサービス（ファイル共有、チャット、ビデオ会議、開発ツール、コミュニケーションなど）を使い倒している。大企業では、これらのツールやサービスをリスク判定できず、すぐに使えないということがしばしばある。スタートアップとスムーズに仕事を進めるには、特区ではドメインやメールアドレスも別にして、セキュリティ管理を本体組織から切り離して、クラウドサービスを自由に使って進められるようにすると良いかもしれない。リスクを特区に限定することができる。大企業でまともに検討してしまうと、すぐにプロジェクトそのものの投資額より、検討コストが上回ってしまうので注意が必要だ。繰り返しになるが、多くのプロジェクトは失敗する。一つひとつの案件にコストをかけないことが重要だ。大企業のブランドや品質に心配があるなら、別ブランドの商品にする手もある。

この特区に向いている人材とは、どんな人材であろうか。既存事業の優等生が向いているとは限らない。むしろ、既存の組織からはみ出して動いてしまうような人が向いているかもしれない。特区のリーダーには人間力が要求される。トップからの支援、社内の応援を引き出す力がいる。例えば、知財や法務などちょっとした相談を専門部門にできると助かる。社内スタートアップの活動を全社的に盛り上げて、各専門部門がボランティアでも手伝おうという意識になるとプロジェクトは加速できる。大企業の強みは、設備やノウハウが整っている点だ。例えば、高価な測定装置や検査装置など多くの機材がそろっている。これらを空き時間に使えるとメリットは大きい。また、特区の評価基準は、本体事業とは変えるべきである。既存事業ではなかなか失敗できないが、新規ビジネスではいかに失敗を多くして、早く成長への道を見つけるかが重要だ。

私は、大企業がこうしたスタートアップのスピード感ある方法論を取り込み、イノベーションを起こす取り組みを本気ではじめたら、相当強力だと思う。大企業には、優秀な人材が多いし、研究所では優れた技術が埋もれている場合もある。こうした人材や研究成果を活かして、イノベーションを起こせるはずだ。既存事業で有用なデータも蓄積されているかもしれない。第2章で紹介した東大チームを選抜して世界デビューさせるＴｏｄａｉ Ｔｏ Ｔｅｘａｓのような活動を大企業内でやっても面白いかもしれない。スケールアップする段階では、大量生産や販売に必要なものが社内にすべてそろっている。スタートアップ的にはじめた事業が立ち上がり、大企業の一つの新たな主力事業として成長すれば大成功である。あるいは、社内スタートアップがある程度まで立ち上がったら、別会社として独立させて、外部資本も入れてスピーディに成長させれば、これも一つのスタートアップの成功モデルである。

大企業で埋もれている、あるいは伸び悩んでいる事業を切り出して独立させるアプローチ（カーブアウトと呼ばれることもある）は似ているが、これだけでは大企業の保守的な文化をそのまま引きずってしまう場合が多い。私が考える成功モデルは、自らリスクをとる「テック起業家」がいないとうまく行かない。ある意味、独立して起業するよりも社内を動かすには大きな推進力と熱量が必要だ。大企業内に新規ビジネスのベースのネタはあっても、ゼロから立ち上げる強力なスタートアップ・チームをつくることが必要不可欠である。

大企業とスタートアップの共創

スタートアップと大企業の違い

当たり前の話だが、スタートアップと大企業はまったく違う。多くの点で正反対である。一番重要な違いはスピードだ。早く失敗して、早く学習する。走りながら学んで行く。できるだけ外部のリソースも活用し、自分たちは競争力の源泉部分に注力する。これらは、大企業にはない部分である。逆に、スタートアップが成長して行くと、大企業の強みがほしくなるものだ。量産体制やグローバル拠点など、スタートアップがすぐに手に入れるのは難しい。

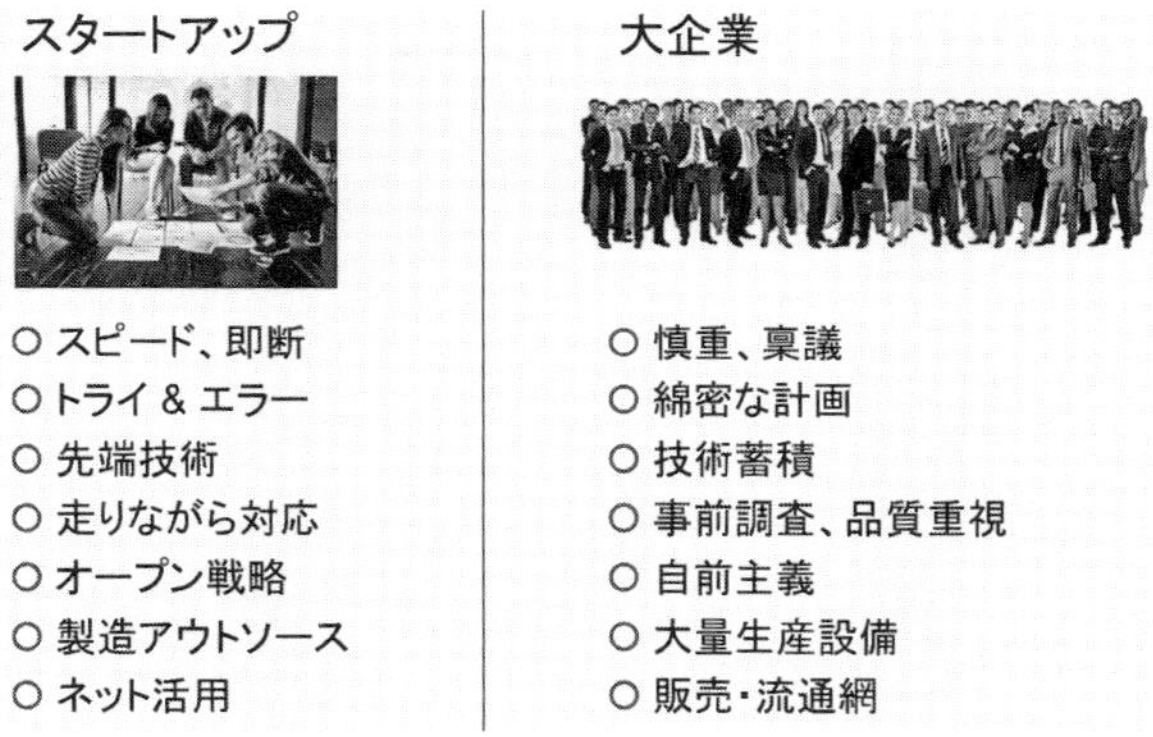

スタートアップ
○ スピード、即断
○ トライ & エラー
○ 先端技術
○ 走りながら対応
○ オープン戦略
○ 製造アウトソース
○ ネット活用
大企業
○ 慎重、稟議
○ 綿密な計画
○ 技術蓄積
○ 事前調査、品質重視
○ 自前主義
○ 大量生産設備
○ 販売・流通網

図6　スタートアップと大企業の違い

　スタートアップと大企業が協業する場合には、お互いにこの違いを理解し、尊重することが重要だ。特に、意思決定の速度の違いで、うまく行かないことが多いので注意が必要である。スタートアップは、限られた資金で、厳しい時間的制約の中で動いているので、半年先の話に付き合うことはできないものだ。長いトライアルやフィールドテストの結果、しばらく様子見という結果になって実ビジネスにならないと、大企業の想像以上に、スタートアップは時間をロスするという大きな打撃を受けることもある。スタートアップと大企業はまったく違う時間軸で動いていることに注意しよう。

スタートアップへ投資して協業

大企業が、スタートアップへ投資したり、関係を持つ方法はいろいろある。まずは、既存のベンチャーキャピタル（ＶＣ）へ投資するやり方だ。ＶＣがスタートアップへ投資するので、間接的に投資していることになる。これにより、スタートアップの情報を入手したり、協業のきっかけにすることができる。自ら、子会社として、ＶＣを立ち上げる場合もある（ＣＶＣ）。この場合には、投資分野を親会社が決めるなど、より関係がありそうなスタートアップへの投資が対象となる。また、スタートアップを呼び込むコンテストを実施したり、アクセラレータ・プログラムを実施して、スタートアップを支援するといった方法もある。スタートアップに施設を提供して、交流を深めるなどのやり方もある。

私は、スタートアップと大企業が、お互いの強みを活かして協業すれば、大きな力を発揮すると思う。この場合、大企業はスタートアップへ直接投資をして、新しい事業を迅速に立ち上げると良いのではないだろうか。私の周りの事例を、少し紹介してみたい。

ウェアラブルデバイスを開発して、ヘルスケアに応用するスタートアップのＭｏｆｆと三菱総合研究所（三菱総研）が資本提携して、高齢者向けの自立支援ソリューション「モフトレ」を共同開発した。二〇一六年一一月に提携発表してからわずか五ヶ月でソリューションを完成させて、二〇一七年四月に実証実験を開始した。その四ヶ月後の二〇一七年八月に販売を開始している。技術開発はＭｏｆｆが担当し、サービスの要件定義や介護施設への導入の際の課題の整理など三菱総研の経験とノウ

図7　「モフトレ」は、Moffと三菱総研の協業で短期間に実現

ハウが活かされた。ルールづくりや定量的な分析なども三菱総研の得意分野だ。Ｍｏｆｆ社長の高萩昭範は、「三菱総研さんと協業することで、先端テクノロジーを使いながらも安心感のあるサービスを構築できた」と言う。文化の違う両者がはじめて協業し、このスピード感でビジネスを立ち上げたのはすばらしい。また、三菱総研は、二〇一七年よりテクノロジーを活用して社会課題をビジネスで解決する「未来共創イノベーションネットワーク」を立ち上げ、産学官を巻き込んでオープンイノベーションを推進している。

　ソニーがモノづくりスタートアップを応援するプロジェクト、SONY Startup Switch の第一回コンテスト（二〇一六年）で優勝したＨ２Ｌは、ＶＲ向けのコントローラーを開発する東大発スタートアップである。先に紹介したソニーの社内向けの新規事業創出プログラムＳＡＰの支援サービスを外部のスタートアップにも提供してくれている。Ｈ２Ｌは、ソニーの出資も受けて、新しい製品を開発した。二〇一七年九月に東京ゲームショウで発表した「ＦｉｒｓｔＶＲ」である。今後広がるＶＲ

図8　H2L の新製品「FirstVR」、ソニーの支援で加速

(仮想現実：Virtual Reality) の一般ユーザー向けの製品で、スマホを使ったVRゴーグル、新開発の腕に装着するコントローラー、ゲームアプリのセットである。VRを手持ちのスマホで手軽に体験できる。この開発に、ソニーさんは多大なサポートをしてくれた。世界を代表するメーカーさんのモノづくりのノウハウはすばらしい。開発計画の立て方から、設計や製造での注意点、販売戦略など、とても参考になる。モノづくり・スタートアップとしては、これほど心強いことはない。

スタートアップの買収は経営戦略

大企業にとって、VCへの投資やCVCの設立、スタートアップ支援プログラムなどは、いわばスタートアップの「味見」と言えよう。リスクを取って先を行くスタートアップの様子を把握したり、交流するのが目的である。これに対し、自社の事業を具体的に補完するスタートアップへの投資は、「前菜」といったところだ。新し

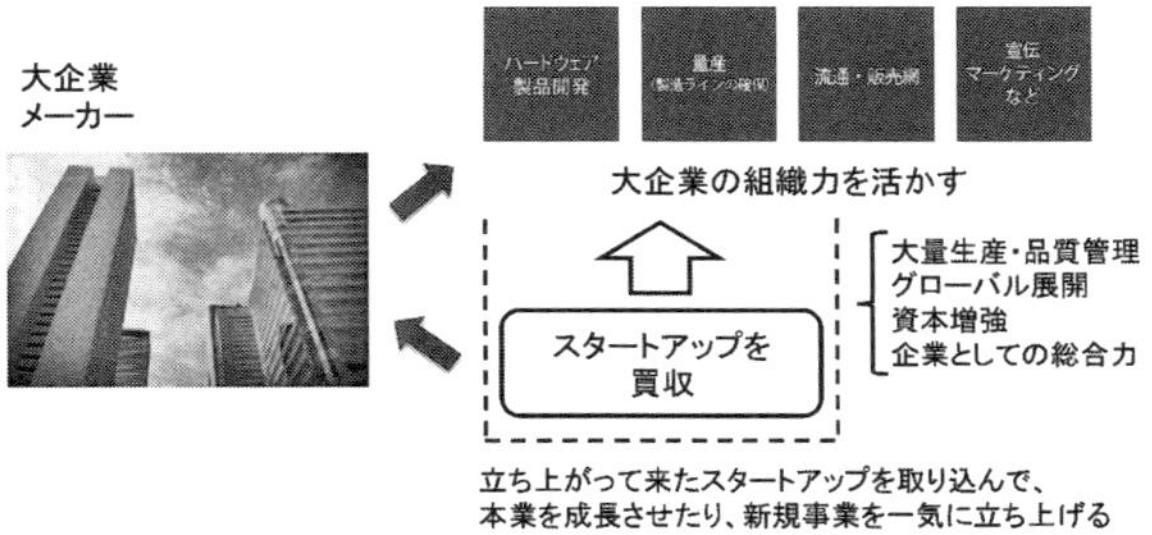

図9　大企業とスタートアップの共創

い分野への進出のきっかけになる。大企業が本格的にスタートアップを活用するには、買収して「メインディッシュ」にすることも検討する価値がある。

大企業が迅速に新規事業を立ち上げたり、既存事業をさらに強化する方法として、スタートアップの買収がある。製品ラインナップに加えると良い新規製品、サービスのメニューを増やす、既存製品に競争力を付加できる新規技術など、いろいろなパターンがある。ゼロから時間をかけて研究開発するよりも、自社に必要な技術や製品を持つスタートアップを外部からすばやく取り込むのは、時には競争上重要な戦略である。変化の激しい時代に、技術の先読みをするのは極めて難しい。まだ先が見えない段階では、マイナー出資でスタートアップを支援し、市場が見えて来た段階で買収して取り込むのも良い作戦に思える。自社の研究開発を補う上でも、スタートアップの活用は欠かせない経営戦略と言える。

起業のハードルが下がったことで、今後ますますロボットや医療機器などのハードウェアを絡めたスタートアップが多数出てくると思われる。大企業からすれば、これを戦略に取り込まない手はない。大企業からスタートアップを生み出す仕組みをつくることは、外部のスタートアップ

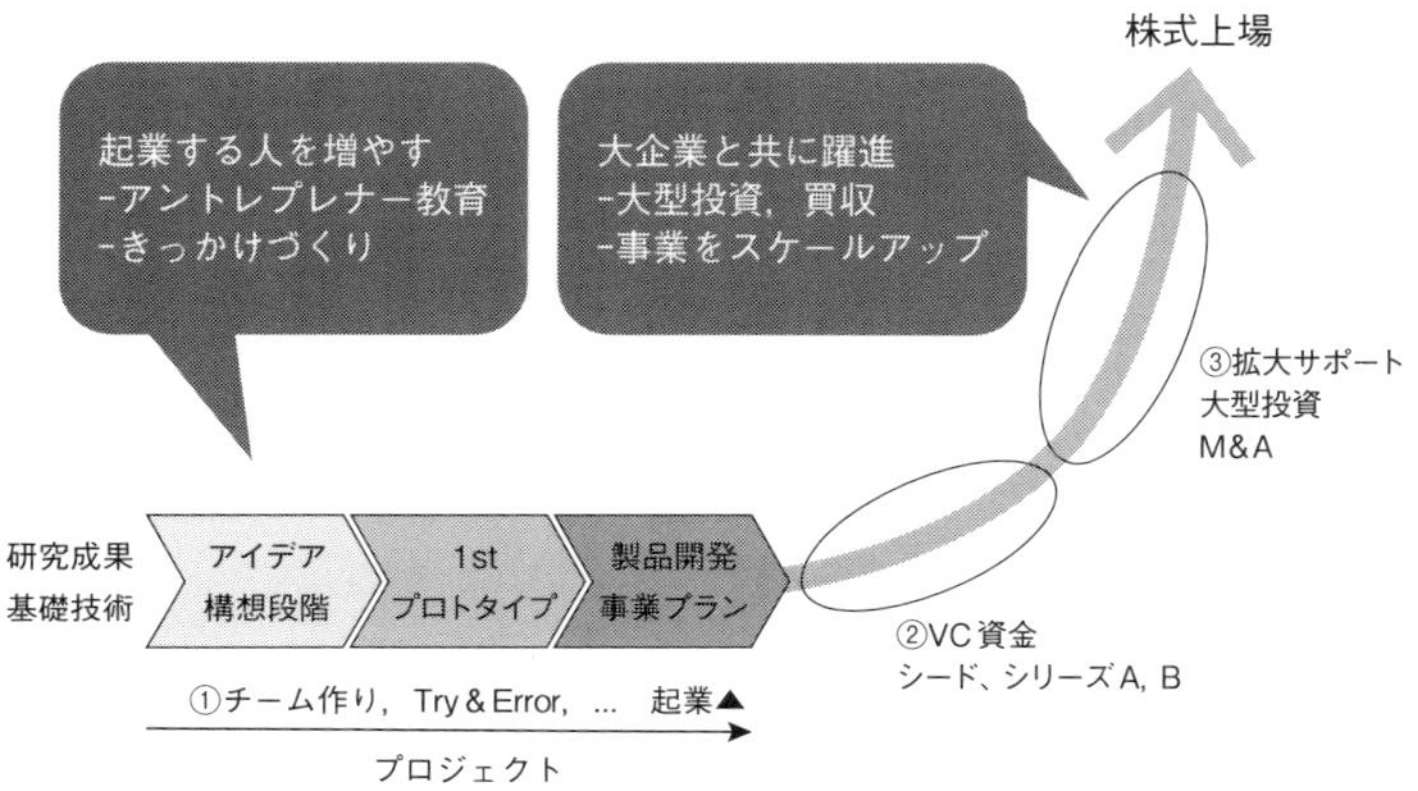

図10　スタートアップ創出の課題
大企業と共に躍進するのも１つの方法

を取り込む際にも役に立つ。既存組織がスタートアップ・チームを支援する文化が定着すれば、自然にスタートアップとの協業も進めやすくなるはずだ。

スタートアップを大企業がスケールアップ

私は、テクノロジー・スタートアップ創出の課題は、大きく二つあると考えている。一つは、本書の主題である挑戦する人を増やすという点、もう一つは、大きく成功させるにはどうすれば良いかという点がある。つまり、最初と最後。その間の支援は、ＶＣ資金を含め充実して来ていると感じている。この二つ目の課題解決に大企業への期待がある。特に、日本の場合、一〇〇億円を越えるような大型のＶＣ資金の調達が米国よりも難しいので、大企業とともに一気に成長するという選択肢は有力な方法のように思える。大企業がスタートアップの事業拡大期のブースターとなる感じだ。

スタートアップ側からしてもハードウェア製品も含む

場合、ある程度まで軌道に乗った段階で、さらに生産規模を大きくするとか、グローバルに展開するなど、大企業と組むと一気に成長できる。この場合の成功のポイントは、再度強調しておくと、スタートアップのスピード感を損なわないように大企業側が意識して取り組めるかという点になる。

現状は、伝統的な日本の大企業が、テクノロジー・スタートアップを買収する事例は極めて少ない。米国では、売上・利益がほとんど上がっていないかなり早い段階で、技術やチームを手に入れるために尖ったテクノロジー・スタートアップを買収するケースが多い。日本でも、今後こうした事例が増えることを期待している。日本全体の競争力をアップする方法として重要なことである。

また、大企業の買収が増えれば、ベンチャー投資の観点でも、上場よりも早く資金が回収できて、ベンチャーキャピタルの資金が回転する。M&Aを期待してテクノロジー・スタートアップへの早い段階での投資も進むことになり、好循環になる。今後、こうした動きが加速することを期待したい。

第4章

起業家への道

スタートアップを起業して経営して行くことは、楽しい反面、課題もたくさん出てくる。そもそも起業なんてどう進めたら良いか分からないし、イメージが湧かないことも多いだろう。実際に、初めて経験することばかりだ。私が学生時代に二〇代でスタートアップをはじめた時は、あらゆる失敗をして、学んで行くしかなかった。当時は、インターネットで簡単に調べることもできなかったし、相談できる先輩もいなかった。試行錯誤の連続である。後から考えれば、最初からこうしていればと思ったことも多い。

本章では、スタートアップに興味を持ったあなたが、これから進むことになる道筋を簡単にたどってみよう。成功までのイメージがつかめるはずだ。経営に必勝法はなく、一歩ずつ前進するしかない。すでにスタートアップをはじめている方々も、それぞれの段階で苦労することも多いはずだ。以下では、起業時やスタートアップ成長の段階で、苦労しそうな課題についてアドバイスを試みる。具体的な解決策というよりも、解決のためのエッセンス、考え方といったものだ。おそらく実際に皆さんが直面する課題は、個々に違い、様々だと想像する。その課題解決に少しでも参考になれば幸いである。

図1　スタートアップ成功への 10 ステップ

やりたいことを見つける

「やりたい自分」を見つけよう

大上段に構えて、起業したくなるような情熱を持てるテーマを探そうと力んでも、なかなか見つかるものではない。そもそも最初から情熱が湧いてくることの方が少ない。最初のきっかけは、偶然の出会いだったり、ちょっとした興味だったり、たまたま参加した会合だったり、旅先での発見だったり、その程度のものだ。子供の頃を思い出してみよう。誰しも、いろんなことに興味津々だったはずだ。それがいつの間にか、なるべく人と違うことはしないように、といった雰囲気になじんでしまっていないだろうか。ふと感じた興味やちょっとした感動を大事にしよう。それをさらに調べたり、イベントに参加したり、チームに加わったりして、そのことに深入りしてみる。すると次第に興味が大きくなったり、詳しくなって新しいアイデアが浮かんだりするものだ。

ただし、簡単に成功しそうだからとか、儲かりそうだからぐらいの動機でスタートアップをはじめるのはおすすめしない。本当に「やりたいこと」「好きなこと」でないと長続きしない。困難に直面したときに、それを乗り越えるパワーが出ない。二〇年後もあなたが同じ情熱を持ち続けられるテーマであれば本物だ。スタートアップが成功するには、どんなことがあってもやり遂げる情熱と忍耐が必要である。

大学で研究していた技術を社会の役に立てようということであれば直接的だ。研究成果をベースに事業を起こす、産業化するなどすばらしいことだ。逆に、文系理系を問わず、解決したい社会課題を先に見つけ、それにチャレンジするのも良いスタートだ。自分の課題、身近な課題、目の前の困っている人などにフォーカスして、問題を徹底的に分析すれば取り組みやすいはずだ。課題解決に必要な技術を持ったキーマンをチームに引き込めば良い。そして、同じような課題を抱えた人が世界中にいないか考えてみよう。

第1章で紹介したヒト型ロボットのＳＣＨＡＦＴの場合は、東日本大震災をきっかけに自分たちの技術を社会に役立てたいと真剣に考え、起業への思いが強くなった。小型人工衛星のアクセルスペースの場合は、大学での超小型人工衛星の研究開発で体験したワクワク感が大きくなって、実用化して新しい産業を創りたいと考えた。パーソナル・モビリティのＷＨＩＬＬの場合は、大企業に就職して本業がありながら放課後モノづくりプロジェクトをいくつかやる中で、車いすの課題というテーマに出くわした。そのプロジェクトが進む中で、ユーザーの期待に動かされ、これこそ自分たちが進む道という大きなものになった。プリンテッド・エレクトロニクスのエレファンテックの場合は、電子回路の製造技術が大きく変わるタイミングにいると感じたエンジニアたちが、自分たちで大波を起こしたいと考えた。ワクチン開発のＶＬＰ Ｔｈｅｒａｐｅｕｔｉｃｓの場合は、基礎研究で成果を出すだけでなく、自らの手で実用化して、人々の役に立つところまでやりたいと思った。何かをどうしようもなくやりたくなるきっかけは様々だ。

第２章で述べたように、興味を持ったテーマでプロジェクトを自分で立ち上げたり、周りのプロジェクトに参加したりするのは、やりたいことを見つける良いきっかけになる。この段階では、あまり悩まず、まず何でもやってみる方が良い。やってみなければ面白いかどうかも分からない。いろいろ経験すると、自分の向き不向きもよく分かってくる。新たな自分を発見できる。あらゆる経験はどこかで活かせるものだ。人生において、すべてのことは必ず役に立つ。何かプロジェクトをやってみて、これぞ本気でやってみたいと思えるテーマが見つかったら、いよいよ起業を真剣に考えよう。

走り出さないと景色は変わらない

やりたいことができたら、走り出さないと景色は変わらない。興味が大きくなっても、現状を変えて、踏み出すかどうかは大きな決断だ。大半の人は、考えただけで終わる。本当にうまく行くだろうかとか、市場はあるだろうか、技術的に大丈夫か、競合はいないか、などなど心配事は考えれば切りがない。そこで立ち止まれば、話は終わりだ。

起業家は楽観的であることも重要だ。一歩進めば、次にやるべきことも見えてくるというものだ。世の中、大抵のことは何とかなる。ただし、自分で責任の取れる範囲で、最初から背伸びはしないことだ。無理な借金をして、周りに迷惑をかけてしまうと、その後が続かない。目標の実現には時間がかかる。あらかじめ長期戦を闘うつもりでのぞむ必要がある。私もうまく行かないことを山ほど経験してきた。そんなときは、「為せばなる」という忍耐強く楽観的に未来を信じる気持ちと、「成るようにしか成らない」という今この瞬間はどうジタバタしても仕方がないという開き直りの気持ちを合わせ持つようにしていた。

起業家に望まれる資質をまとめると**「素直で頑固」**（良い意見を取り入れる柔軟性があり、首尾一貫してぶれない強い意志がある）、**「楽観的で堅実」**（困難があっても将来に対して楽観的で、足下はしっかり堅実に進める）、**「自信家で謙虚」**（必ずできるという自信を持ちながら、上を目指して努力を続ける）ということになる。なかなかこれをすべて満たすのは難しい。創業チームで、これらを合わせ持てば良い。スタートアップは、最初からスムーズに行くことは少ない。いや、むしろどこまで行っても次の課題は出てくるものだ。不安や懸念は一つずつ解決して行くしかない。まずはスタートしよう。

仲間を集める

創業パートナーを見つけよう

起業する際には、創業パートナー（共同創業者）がいると良い。私は、理想的には二人、もしくは三人が良いと思っている。一人より、二人の方がアイデアも膨らむし、少なくとも自分以外の真剣に考えてくれる人のフィルターを通ったアイデアであれば、思い込みだけで進むようなことも避けられる。ビジョンにも磨きがかかる。得意分野の違う二人がうまく役割分担してお互いに補完できれば、成功できる確率も高まる。苦しいときも、二人の方が励まし合って切り抜けられる場合も多い。マイクロソフト（ビル・ゲイツとポール・アレン）、アップル（スティーブ・ジョブスとスティーブ・ウォズニアック）、グーグル（ラリー・ペイジとセルゲイ・ブリン）も創業者は二人だし、ソニーの井深さんと盛田さん、ホンダの本田さんと藤沢さんも最強の創業者コンビと伝え聞く。

若い起業家にどういうパートナーを見つけるべきかという質問をされると、私はこう答えることにしている。「この人といっしょに仕事をすると自分の可能性を広げてくれそうだ」と思えるようなパートナーを見つけると良い。要は自分が成長できそうな相方である。どうしても相手の現在のスキルや能力で人を見てしまうが、むしろ、信頼関係と成長力の方が長期的には重要だ。経営者は、自分自身の課題を客観的に見るのが難しい。社長は、社内の誰からも怒られない立場だ。これが成長のネックになることもある。特に一人創業者のときにより顕著になる。二人、三人の場合には、お互いに率直に意見を言えれば、自分の足りない点やまずい点に気づくことができる。経営チームの誰かが一歩成長して、他のメンバーも意識が高まって成長するというポジティブなサイクルになる。

また、三人創業者の場合の方が二人の場合よりやや難しい。二人創業者の場合には、二人の意見が食い違えば、とことん話し合って解決することになる。一方、三人の場合には、二人の意見が食い違うと、とことん話し合うより、三人目を味方にしようとなりがちだ。三人創業者で、二人より強力なチームをつくることは可能だが、より高い意識が必要に思う。

一人創業者の場合、こういった問題は起こらない。逆に、一人の場合は、創業者が課題から抜け出せず成長できないケースがある。どんなに優秀な人でも、課題はあるし、学ぶべきことは多い。しかし、客観的に自分を見つめ、改善しようという意識が低いと、経営に行き詰まることになる。技術的に優秀であったり、ビジネスセンスに優れていると、起業して出だしは好調かもしれない。逆にはじめにうまく行ったことが、自信過剰につながり、成長を妨げることもある。

何人が良いかは参考程度の話だが、信頼関係のある強力な創業チームができれば、実際、半分成功したようなものだ。お互いに刺激し合って成長が早くなる。「何をやるかも重要だけど、誰とやるかも重要である」。会社の成長は、経営陣の成長次第である。

ミッションやビジョンの共有

創業メンバーや中核となるメンバーの間では、まずミッションやビジョンを共有したい。「ミッション」とは、会社が何を社会に対して実現したいのか、使命、存在意義のようなものだ。「ビジョン」とは、ミッション実現のために会社としてはこうありたいという方針、目標である。こうした考え方や、価値観、こころざしが一致していることが重要である。これらが一致していないと、どこかで歪みが出てくる。その事業自体に興味があるのか、苦労しても世界で成功したいのか、どんな会社をつくりたいのか、もちろん最初から詳細な目標になっていなくても良い。創業者の間では、イメージレベルで一致していることが必要だ。最初から世界を目指すのであれば、必要な準備や優先度も違ってくる。

優秀な人材を獲得する上でも、人を引きつけるミッションやビジョンは必要である。大きな社会課題を解決するプロジェクトや革新的な製品開発にこそやり甲斐がある。大げさに言えば、人生をかけるに値すると思ってもらえるようなミッションを掲げたい。

多様性は重要

創業者は、どうしても自分と感性の近い、うまの合う人ばかりを集めがちになる。その方が、居心地が良いし、団結もしやすい。最初のスタート時には悪くないチーム構成かもしれない。しかし、会社には多様性も重要である。ミッションやビジョンに共感しつつも、違う側面から思考する人が加わると総合力としてプラスになることも多い。社長は、やりやすい人だけを集めないように自ら気をつける必要がある。

全速力で開発

プロトタイプや試作機を全速力で仕上げる

やることが決まって、チームもできたら、いよいよ開発を加速させよう。ソフトウェアにしろ、ハードウェアにしろ、まずはプロトタイプや試作機を開発する。これを全速力で完成させることが第一歩となる。このときに、プロトタイプや試作機の目的をはっきりさせておくことが必要だ。新規技術の検証なのか、性能評価なのか、デザイン評価なのか、それによって開発の重点が大きく違ってくる。目的に直接関係ない部分は、思い切ってさぼっても構わない。目的以外の部分は、外部調達したり、簡易版にするなど、プロトタイプ完成に一番近道になる方法を選択する。

「スタートアップにとって最も重要なリソースは時間である」

プロトタイプや試作機は、間違いなく一回ではうまく行かない。何回かトライ・アンド・エラーを繰り返し、目的を達成することになる。そのためには、できるだけ早く仕上げて、何回もトライするという心構えが必要である。

プロトタイプや試作機ができたら、次はユーザーテストである。あらかじめ定めた目的に沿ってテストを行う。この際、目的に応じて評価項目を作成して、協力してもらうユーザーも準備しておく。テストの結果に基づいて次の作戦が決まる。多くの場合、問題点を明確にして、再度プロトタイプや試作機を開発して、改良して行くことになる。このサイクルをいかに早めるかが、開発力である。この段階で新規性のあるアイデアや実現方法はぜひ特許を出願しておこう。

コンテストやクラウドファンディングに挑戦

何世代目かのプロトタイプや試作機でこれなら行けるとなったら、世間にデビューさせよう。おすすめの方法としては、コンテストへの応募やクラウドファンディングへの挑戦がある。スタートアップ向けのビジネスコンテストや、アクセラレータのプログラムなどに応募すると、発表の機会があって、フィードバックがもらえる。最近は、ヘルスケアや医療、ロボットやドローン、フィンテックなどのテーマを設定して、関連する大企業が主催したり、スポンサーになるものも多い。社会課題をテーマにしたものもある。優勝すれば、メディアに取り上げられて知名度を上げることができる。ビジネス開拓や営業、資金調達にも有効だ。

クラウドファンディングは、製品版を事前予約してもらって、量産のための資金を集めようというものだ。こちらは、相手は一般ユーザーである。ここで多くのユーザーに支援してもらえるようなら、市場性も確かなものとなる。マーケティングも兼ねているようなものだ。支援者からのフィードバックももらえる。実際に買うと言ってくれるユーザーの意見は大変貴重である。評論家の意見より、実際にお金を払ってくれるユーザーの意見を聞こう。

こうしたアプローチは、早い段階で技術や製品の内容をオープンにすることになるので、競合が出てくることを心配する向きもあるが、私はスピードを優先すべきだと思う。特に、世界初を狙うのであれば、慎重に行き過ぎて二番手になってしまうと、インパクトは薄れてしまう。そもそもスタートアップの成功確率は低いのだ。リスクの高いことをやっているのに、安全策をとっても意味がない。

プロトタイプや試作機ができた段階では、エンジェル投資も受けやすい。私自身は、プロトタイプや試作機のデモを見ないと投資しないポリシーだ。机上の事業計画は誰でも書ける。それよりも、何か動くものをまず見たい。革新的な技術であれば、その実用化の目処を示すレベルで十分だ。エンジェル投資家は、創業者の描く未来や潜在的なイノベーションの大きさに魅力を感じるものだ。経験豊富なエンジェルには、投資してもらうのに加えて、経営や戦略についてアドバイスを受けるようにすると、創業者の成長の助けにもなる。

失敗しながら学ぶ

失敗しても構わない

失敗とは、「計画（予測）」と「実際の結果（実績）」のズレが大きいことだ。つまり、失敗だったと認識するには、予測や目標がはじめにないといけない。スタートアップでは、失敗することがほとんどなので、目的を明確にして、評価するポイントを決めておくことが重要だ。当たり前のようなことだが、習慣付けるのは、それほど簡単ではない。詳細な計画に時間をかけるのはナンセンスだが、予測はしておくべきである。勢いでとにかくやってみて、少しずつ違う方向に行ってしまったり、何度も方針変更して多くの時間を費やしてしまうとチームの勢いを削ぐことにもなる。そうではなく、予測に対しての結果で、ロジカルに判断するようにしよう。

開発計画を立てる際に、エンジニアの特性として、なかなか予定をコミットしない人がいる。あるいは、長めに安全な予定を出す人もいる。当然やってみないと分からないし、思ってもみない課題が発生するかもしれない。安請け合いをして、後で責められたくないと思う気持ちも分かる。しかし、スタートアップではベストケースにいかに近づけるかが勝負である。リスクを明確にして、前提条件付きでコミットすれば良い。コミットする習慣を持つことによって、結果のズレを検証して、徐々に精度が上がって行くはずだ。

失敗を力に変える

失敗の検証は、極めて重要である。ズレの原因を分析して、そもそも計画が甘かったのか、リスク要因を何か見落としていたのか、それとも実行自体に問題があって、本来は達成可能だった目標を実行できなかったのか。この分析によって、次にとるべき対策も違ってくる。ゴルフで言えば、風の計算やボールの転がり具合の計算などの読み（予測）が外れたのか、読みは良かったけど打ち方（実行）が悪かったのか、ということになるだろう。たまたまうまく行った場合も、その原因を分析すれば、次も計画通りに行く確率は高まる。

新しいチャレンジには失敗はつきものである。要は、早く失敗して、早く学習することがビジネスで成功するヒケツである。失敗から学んで経験にする力こそ、どんな状況にも迅速に対応できる柔軟な経営力になる。

可能性を端から試す

すばらしいテクノロジーがあっても、どんな応用が大きくビジネスになるかを見通せていない場合がある。そんなケースでは、中途半端な事業計画を進めるよりも、私は一年ぐらい考えられる応用を片っ端から試して行くことをおすすめする。小さな案件でも、お金を払ってくれる顧客をつかまえて、数をこなしたい。スケールするビジネスを見つけるための手段である。開発チームに負担はかかるが、顧客とのやりとりは良い経験にもなる。実際、私の周りでも、このやり方で大きな可能性にたどり着いたスタートアップがいくつもある。

スケールする分野を見つけたら、次に重要となるのがリードカスタマーだ。最初の実用化に付き合ってくれる顧客である。商用化に向けた様々な課題の解決には、顧客の協力が不可欠である。長期的なパートナーとして大事にして、恩返しするようにしよう。

チャンスをつかむ

大きなチャンスは何度も来ない

スタートアップにとって、大きなチャンスは何度も来ない。取り組んでいる分野において、技術の進化、周辺環境の整備、市場のニーズの高まりなどが重なって、大きな市場が立ち上がるタイミングというものがある。インターネット、ｅコマース、モバイルコンテンツ、ＳＮＳなどこれまでもいろいろな分野が急成長した。そのタイミングを逃さないというのが、成功への道である。ここぞというタイミングが来たら、一気に攻める必要がある。スタートアップの優位性は、ほんの少しの先行とスピードしかない。大きな市場になることが見えてくれば、大企業が資金を投入して参入してくることは間違いない。

チャンスにそなえる

どんなに大きな商談も、最初のきっかけは一つの出会いであったり、一本の電話であったり、一通のメールだったりするものだ。それを逃さず発展させられるか、やり過ごしてしまうかの差は決定的になる。後から振り返れば、そんなチャンスは二度とないことはよく分かる。チャンスをつかむ準備ができているかが極めて重要だ。できるだけ数多くバッターボックスに立って打席をこなす。自分の得意コースに来たら、ホームランを打てる実力をつけておく。

「狙ってホームランは打てない」けど「たまたまホームランも出ない」

そんなチャンスをモノにするには、一つの打ち合わせでも、あらゆる情報に注意を向けることが必要だ。相手が何に関心を示したか、それは何故か、こちらの提案をどう捉えているか、大きな成功へのパズルを解いて行くようなものだ。打ち合わせは、時間がある限り、先方に出向くことをおすすめする。その方が得られる情報が多いからだ。会社や従業員の雰囲気や活気、スピード感のある会社か、何を大事にしているか、などおおよそ分かるものだ。

事業に成功した人の話を聞くと、人との出会いや取引先との関係など、自分は運が良かったと言う人が多い。でも、それは決して運ではなく、それを引き寄せる努力と準備の結果であると私は思う。一つのチャンスをつかむのに一〇〇回は空振りしているはずだ。タイミングが来たと思ったら、資金と人材を一気に集めることが必要になる。躊躇なく走り出そう。

資金調達

資金調達の選択肢はいろいろある

今では、小さな資金でも起業することができる。第3章で述べたように、ソフトウェアはもちろん、ハードウェアも大きな資金がなくても、スタートできるようになった。実現したい製品やサービスのコンセプトを示すプロトタイプや試作機を開発すれば、エンジェル投資も受けやすい。また、政府の施策で、スタートアップ向けの助成金や補助金、長期融資（資本性ローン）なども増えている。これらも組み合わせれば、初期段階でベンチャーキャピタルからの投資に頼らずとも、事業を徐々に大きくすることも可能になった。

ベンチャーキャピタル資金の調達

事業を少しずつ軌道に乗せて、利益を投資に回して事業を拡大して行くことも重要だ。しかし、大きなチャンスが到来して、一気に事業が拡大しそうな場合、資金調達を行い、成長を加速させることを考えたい。ベンチャーキャピタル（VC）から資金を調達するのも一つの手段だ。その際、五年から七年程度で株式上場するか、どこかに買収される目標を立てる必要がある。これをイグジット（EXIT）と言う。VC側の投資回収のモデルとして、投資してから回収するまで五年から七年ぐらいを念頭においているのが一般的だ（ファンドの存続期間を確認しよう）。スタートアップ側としては、その期間内に期待されるイグジットを達成する必要がある。したがって、あまり事業計画が見えていない段階で資金調達しても、ゆくゆく困ることになる。投資してくれるVCがいるからといって、むやみに資金調達しても良いことはない。VC投資を受けるということは、すなわち、「事業計画に時間設定がされる」ということである。

ＶＣにもそれぞれ得意分野や重点分野、対象とする投資フェーズがあるものだ。スタートアップの成長の各段階で、パートナーとなるＶＣも違ってくる。どういった支援をしてもらえるか、相性が良いかなどよく検討する必要がある。また、次の資金調達の際に、追加投資が期待できるかも重要な点である。イグジットまでのストーリーを立てて、それに適したＶＣパートナーを選択するのが良い。

事業パートナーからの出資

資金調達の方法として、提携先などの事業パートナーに出資してもらう手もある。株主になってもらって、かつ顧客にもなってもらい、ビジネスが拡大すれば一石二鳥だ。パートナー側も、出資してスタートアップの開発が加速し、自社の事業にもプラスになればメリットがある。ここでの注意点は、事業会社からの出資は、良くも悪くも色がつく、ということであろう。あるパートナーと関係強化することで、同一分野の他のパートナーと組める可能性は低下する。したがって、その業界のトップと組む、あるいは、両者の提携で他にはない強みを発揮する、といった戦略的なパートナー選びが重要になる。

このように会社の資本政策は、慎重に行うべきものである。投資条件や細かい契約のノウハウなどベンチャー・ファイナンスの専門書や解説本が出ているので、必要になったら一読しておくと良い。投資家、出資事業パートナー、ＶＣは株主として同じ船に乗る存在である。会社の将来、目指すべき

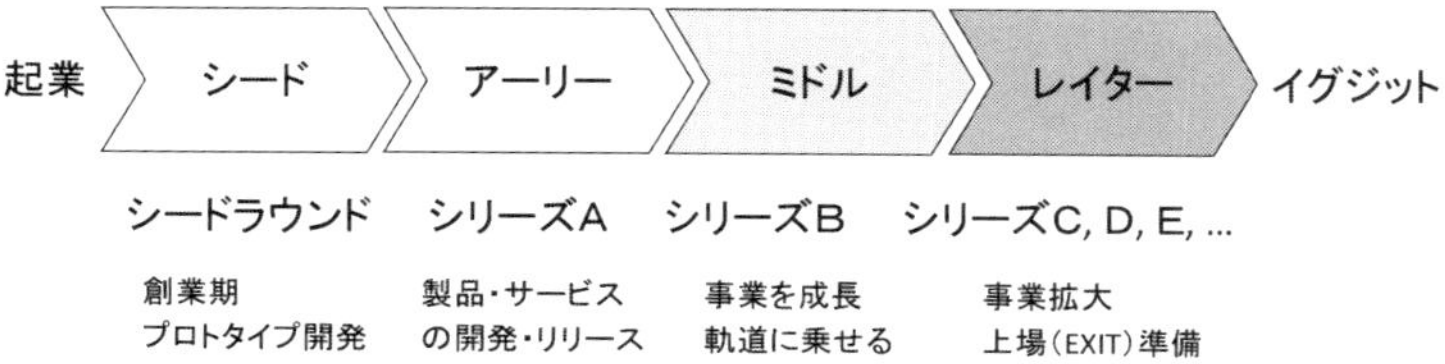

図2　スタートアップの成長に合わせた投資フェーズ

方向、イグジットの考え方などが一致していないと、船はうまく前に進まない。途中で船から下りられないので、後から調整するのは困難である。投資を受ける際には、起業家側は自分の考えをよく説明して理解してもらい、株主・投資家に長期的に支援してもらうことが成功へのキーとなる。

人材採用

採用は妥協しない

資金ができたら、次は人材採用だ。会社は何と言っても人次第である。多くの場合、最初は創業者や社員の紹介、大学の先輩や後輩、元同僚、気心の知れた友人といった、いわゆる知り合い経由で人を集めることになる。ある程度様子が分かっている人たちなので、外れが少なく効率的だ。次の段階が一般募集ということになる。これがなかなか難しい。

履歴書・職歴（レジメ）などの書類で一次選考して、次に面談して採否を決めるというのが一般的な流れである。若手創業者のスタートアップの場合、採用の経験がないので、うまく行かないことも多い。短い時間で、どういう観点や視点でインタビューして、その人の適性や能力を判断するかは、難しい課題である。私のおすすめの質問は、「これまでに自分が関わった失敗プロジェクトについて教えてください」というものだ。多くの人は、その失敗の分析について説明する。私が聞きたいポイントは、原因はどうあれ、自分がもっとこうしていれば良かったと自己反省して、その経験を次に活かすことができるタイプかどうかである。こういう考え方の人は、チャンスが多いスタートアップのような環境で、たくさん失敗しながらも成長が早い。

人材採用で重要なことは、納得するまで採用しない、妥協しない、ということだ。リソースが足りないとか、切迫した状況だと、とにかく人がほしくなる。しかし、人数が少ないときの一人の影響力はとても大きい。レベルを落とすと、チーム全体のパフォーマンスが下がることになる。緊急補充のときは、契約ベースやアルバイト、アウトソースでしのぐ手もある。良い人材獲得にはとことんこだわろう。

優秀な人材は当然多くの企業で取り合いになる。スタートアップは大手に比べて条件面で不利だ。従って、面談の日程調整など、最優先で行うことをおすすめする。人間どうしても最初に良いイメージを持ったところに決めてしまう可能性が高い。一歩出遅れるとなかなか採用できない。給与などの条件で不利な面を補うのは、トップの熱いメッセージと口説きしかない。優秀な人材の採用は、社長の最優先事項と言っても過言ではない。

成長の伸びしろが重要

実務スキルも重要だが、スタートアップの場合には、それ以上に、ミッションやビジョンへの共感、新しいことへのチャレンジ精神、学習能力の高さ、失敗をプラスに変える思考などが重要だ。何せ業務の内容もダイナミックに変わるし、困難なことが多いからだ。何でも勉強してやってしまう突破力のある開拓型の人材であれば最高だ。会社と同じで、将来の伸びしろが重要という訳だ。

学生のバイトやインターンを受け入れて、興味を持ってもらい、卒業と同時に正社員として採用するという手も有効だ。能力や仕事ぶりを見て、判断することができるし、チームとの相性も分かる。将来入社することを早めに合意できれば、計画的に育成することができて、入社してすぐに即戦力となる。

一方で、良いと思って採用しても、会社の風土に合わなかったとか、本人の期待と会社の期待が合っていなかったということも度々起きる。そんな場合は、早めに見切りをつけることも時には必要だ。チームをかき回されて団結力がそがれたり、会社の方針に沿わずに暴走して、痛手を被る前に手を打った方が良い。せっかく採用したのにとか、もう少し様子を見よう、といった時間はもったいない。繰り返しになるが、スタートアップの場合、時間は何よりも重要だ。

経験者を採用して加速

スタートアップがある程度成長して、資金調達もした段階になると、経験ある人材がほしくなる。事業拡大期の中核メンバーを募集する感じだ。ＣＦＯ（Chief Financial Officer：最高財務責任者）やＣ

OO（Chief Operating Officer：最高執行責任者）、組織を束ねるマネージャー、営業のプロ、管理系のキーマン、海外展開、広報や経営企画などの優秀な人材が必要になる。給料もそれなりに支払えるので、大企業から優秀な人材が来てくれると最高だ。

大企業の経験ある人が、自ら起業するのは少し難しいと感じている場合、スタートアップのミッションに共感して、参画するというのは良い選択のように思える。業界知識や人のネットワーク、組織マネージメントの経験など、スタートアップに足りないものばかりだ。組織づくりにも貢献できる。大企業の仕事よりも達成感が大きいかもしれない。日本の場合、大企業からスタートアップへの人材の流入がまだ少ないが、これが増えると、スタートアップの成長は加速し、成功する確率はより高くなる。日本全体の人材活用として見れば、良い方向ではないだろうか。

また、シニア人材の活用もスタートアップには良いかもしれない。特に、モノづくりの現場では、設計や製造、量産の経験、品質管理のノウハウなどがほしくなる。経験豊富なシニア層も活躍の場があれば、フルタイムでなくても力を発揮してもらえるかもしれない。

組織をつくる

会社の価値観・カルチャーをつくる

社員が増えて来たら、組織化して会社の運営を効率化して行く必要がある。最初は、全員フラットで一体感があり、協力しやすい環境にある。営業部門、開発部門、管理部門、経営企画、マーケティングなどと組織化して行くと、どうしても、情報が伝わりにくくなり、部門間のあつれきが起きたりする。どんな組織でも起きることである。

スタートアップが成長する段階で、会社の価値観、風土、カルチャーといったものを、全員で共有することが重要になる。これは経営陣が、思いや考えを、日々語るということの繰り返しで生まれてくる。人事考課の評価軸でも、これを反映していくことが重要だ。つまり、社員全員が同じことを重要だと思い、同じような基準で意思決定を行うための基礎になる。あなたの会社のベースとなる価値観、規範が根付いていれば、組織運営は楽である。役割と権限を与えて、どんどん任せて行っても問題ない。これは規則やマニュアルを事細かに決めてもできるものではない。マニュアル通りに動く人材をつくるのではなく、はじめての事態でも、自ら考え、会社の考えに沿って判断できる人材を育成するのだ。人は所詮規則では縛れない。しかし、人は空気には染まりやすい。

規定演技と自由演技

会社がある程度の規模になると、労務管理や工数管理、開発管理、様々な社内規則を整備して行くことになる。資金調達をすると投資家にきちんと経営情報を報告して行くことも必要になる。さらに、上場を目指すとなれば、情報開示の要求レベルは高くなるので、コンプライアンス・社内整備はさらに重要になる。私は、こうした会社の基本的なルール整備は、いわば「規定演技」だと思う。これに対して、会社の技術力を発揮するクリエイティブな仕事が「自由演技」だ。規定演技はつまらないかもしれない。創業時から頑張っているメンバーからすれば、規則で窮屈になったり、社長と直接話をする機会が減って、風通しが悪くなったと感じるものだ。ただ規則を押し付けるだけではうまく行かない。

「規定演技」ができないと予選をクリアできない。日本の企業総数（個人事業を除いて）は約二〇〇万社とも言われているが、上場企業は約三五〇〇社しかない。上場企業をつくるということは、簡単なことではないのだ。そこで、規定演技を楽しくする工夫、楽にこなす仕組みづくりが肝要だ。管理部門は、何故それが必要かを説明し、現場と一体となって、その会社に適したやり方を見つければ良い。「らしさ」を失わないことが重要だ。管理することで得られるデータをうまく活用すれば、仕事の効率アップができたり、クリエイティブな仕事「自由演技」の助けになることもある。要はやり方次第である。社内体制の整備はスタートアップが成長段階で必ず直面する課題である。会社の良いカルチャーを崩さず、社員の協力のもとで、解決して行こう。

強い組織をつくる

会社の業績が落ち込んだり、苦境に直面した時こそ、挽回するには社員全員の協力が必要である。その力はどこから湧いてくるのか。会社のミッションやビジョン、自分たちの目指していることが、社会的に意義があり、前進させるべきだと心の底から思えて、皆で団結して力を発揮できれば最高である。

強い組織では、一人ひとりが全体の責任を感じながら、自分の担当をしっかりこなすという習慣ができている。あるプロジェクトの一部を担当していたとしても、全体の責任を持っていると意識することが重要だ。全員がそう思えば、問題が起きれば全員で解決する方向になり、業務間の漏れがなくなり、相手をカバーするといったことが自然にできる。

スタートアップでは問題発生は日常茶飯事だ。次から次へと新たな問題が勃発する。それを解決して学習して行く組織にする必要がある。次からは同じ問題が起きないように、ルールをつくったり、やり方を変えるなど即座に対応して行く。失敗しても自己改革して行く組織、全員がそうした意識でいる組織をつくることが重要である。

社長が、多くの業務を抱え込み、自分がボトルネックにならないように注意すべきである。能力の高い社長ほど、組織化に失敗するということもある。つまり、部下に任せきれないので、どうしても自分でやってしまう。なかなか権限を委譲できない。しかし、一人でできることは限られている。ビジネスは個人戦ではなく、チーム戦だ。考え方を全社に浸透させて、信頼できる部下に任すことが重要だ。ただし、丸投げで放置したのではうまく行かない。任せた上でフォローし、危機感の共有、パッションの共有、達成感の共有をして行く。会社の成長期には、対外的なビジネス展開も重要だが、社内の組織化も併せて重要である。

成長する

高い目標設定

事業を計画する場合には、考えうる最高にうまく行くパターンをイメージしてみよう。大成功したときの姿を考える。これが目指すべきゴールだ。イメージできた以上のことは普通起きないものだ。そして、掲げた高い目標を実現するには、何が必要か、今ないものは何か、どこから攻めるかを考えれば良い。次に、三年後ぐらいをイメージしてみよう。一〇年後を具体的に考えるのは難しいが、三年後は現状からのギャップが見えやすいはずだ。三年後の事業規模、組織のイメージが見えてくれば、今足りないものがはっきりする。それに向けて、経営強化、営業強化、開発強化など打つ手が決まってくる。それに合わせて必要な人材の獲得を計画する。

経営陣には、ゴールから逆算する思考が必要だ。というのは、どうしても現状からの差分や変化に目が行くので、連続的な成長は管理しやすい。現場は今との比較で物事を考えがちだ。しかし、未来から見て必要な非連続な成長、ジャンプに手を打つ意思決定は、現状の延長線上にはないものだ。それを意識して、一段俯瞰して考える習慣をつけよう。

最悪のシナリオ

最悪のシナリオを考えておくことも経営者としては重要なことだ。もちろん、あらゆる可能性を考えて、できるだけ最高に近づくように持って行く。一方で、最悪でもこのぐらいという心づもりがあれば、何が起きても慌てることなく対処できる。意思決定も経験を積むことによって、大局観を持って良い決定ができるようになる。その意味でも、早くはじめて、失敗を経験して成功確率を高めて行くことが重要だ。

走るにつれて加速する

情報は今やネットで簡単に手に入るが、リアルな経験は簡単には手に入らない。経験者のリアルな話を聞くことは非常にためになる。どんな人の話の中にも、学べるポイントはあるものだ。これを意識して、自分の中に取り込んで行き、使えるものを応用して行けば良い。

会社の成長は、その会社の経営陣、社内人材の成長と表裏一体である。スタート時点の差は誤差のようなものだ。スタートアップは、一〇〇m走ではなく、長距離の障害物競走のようなものだ。走るにつれて、加速する学習能力がキーになる。

イグジットしてさらなる成長

イグジットはタイミングが大事

事業を成長させて行くには、しかるべきタイミングで株式上場して資金を株式市場から調達して、さらに成長して行くことを考えるのは自然な話だ。株式上場せずに、利益を投資に回したり、銀行融資で継続的な成長を狙うやり方もある。経営陣が方針を決めれば良い。外部から資金調達した場合には、株主である投資家にリターンを返すのが、経営者の責任である。特に、ＶＣから資金調達した場合には、一定の期間内に株式上場するか、どこかに買収されるか、というイグジットが期待されることになる。

株式上場を狙う場合には、もちろん上場審査をクリアしなければならないので、業績だけでなく、コンプライアンスに向けた社内体制の整備など、いろいろと準備が必要である。上場審査に向けては、直前二期分の監査法人による会計監査が必要である。したがって、少なくとも三年前ぐらいから計画する必要がある。上場後の事業プランもしっかり立てておこう。上場は、さらなる成長へのステップにすぎない。上場によって資金調達をして次にどういう方向を目指すのか、既存事業の拡大、海外展開、新事業への進出、Ｍ＆Ａなど、いろいろと選択肢がある。創業時に掲げたミッション、ビジョンを振り返る機会でもある。あらためて今後の会社の方向性を考えよう。

買収によるイグジットの場合には、買収後の経営方針の確認が重要になる。買収後の経営体制、メンバーの扱い、会社の方向性、新たなオーナー（親会社）のゴールなど、よく議論して合意しておく必要がある。買収はタイミングが非常に重要である。相手のある話なので、双方にメリットのある話であれば、一気に決着させることがキーである。

Ａｃｑｈｉｒｅでキャリアアップ

テクノロジー・スタートアップの場合、まだ売上や利益が出ていない早い段階で、買収されるケースもありえる。「Ａｃｑｈｉｒｅ」とはＡｃｑｕｉｒｅ（買収）とＨｉｒｅ（雇用）のミックスで、優秀な人材目当ての買収のことである。買収する側としては、優秀なチームと技術を手に入れて、新規事業を加速させることができる。スタートアップ側としては、大企業の傘下となって大きな予算と組織力で開発を加速し、事業を拡大できる。競合もいる中で、目標とするゴールに早く近づくのであれば、買収されるのも良い選択だ。

新卒で大企業に就職して、社内で実績を積み成果を出して認められ、大きな新規事業をまかされるポジションにまでたどり着くのは、とても大変なことだ。スタートアップを起業して成果を出し、大企業に会社ごと加わるＡｃｑｈｉｒｅは、エンジニアや研究者のキャリアアップのショートカット、超飛び級とも言える。第1章で紹介した米グーグルによるＳＣＨＡＦＴの買収は、まさにこのＡｃｑｈｉｒｅの例である。

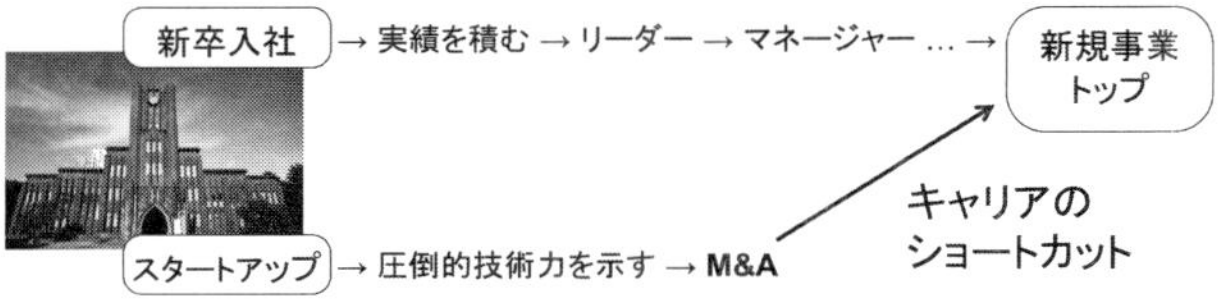

図3　起業してキャリアアップのショートカット

うまく行かなくてもイグジットする

思惑通りに事業が進んでいないときにもイグジットをすることは重要である。大成功でなくても、何らか成果が出ていれば、M&A（合併や買収）の相手は見つかるものだ。こうした事態のためにも、特許などの知的財産はできるだけ蓄積しておくと良い。M&Aについては、経験豊富なメンターやアドバイザーに相談できると、助けになることも多い。特に、VCから資金調達した場合には、タイミングを見て、イグジットを考えることをおすすめする。スタートアップの大成功はタイミングである。どんなに優秀な起業家でも、いつもホームランを打てる訳ではない。最悪でもイグジットして、投資家にできるだけリターンを返すことが起業家の責任である。

社長の仕事

社長の仕事は意思決定

企業に勤める場合とスタートアップの起業家との大きな違いは、「自ら最終意思決定をする」という点ではないだろうか。企業に就職して数年間は、上司から仕事を与えられ、それをこなすことが多いだろう。つまり、業務の仕方を習って、業務処理能力を高めることに多くの時間を使うことになる。一方、起業家は、あらゆることを最終決断する立場となる。大企業では、若手の頃に、この意思決定の仕方とか考え方を明示的に訓練する機会がなかなかないものだ。決めることの怖さや、決めないことの弊害を自ら体験することは少ない。

スタートアップの経営者は、意思決定に悩むことも多い。何せ自分の判断が、会社の命運を左右するのだ。契約条件や、人材採用、パートナー選び、重要な戦略など、意思決定すべきことが山ほどある。しかも、スタートアップは、時間に関してシビアな状況だ。何かが一日延びれば、会社の寿命が一日縮まるのと同じだ。先手先手で考えて行かないと、あっという間に資金が尽きてゲームオーバーとなる。そのためには、本質的な部分を見極めて即座に決定する感覚を研ぎすます必要がある。大企業では、ゆるい判断でも許容する体力があるが、スタートアップでは死活問題だ。

意思決定は即決か保留

意思決定には、それほど複雑なルールは必要ない。単純に迷うということをしないことだ。「決められない」のは、決めるために必要な情報や条件がそろっていないからだ。であれば、必要な情報がそろうまで保留にすれば良い。その間にあれこれ思い悩んだり、余計な時間は使わない。情報がそろえば、即断即決だ。その後、実行している間に環境が変化し、意思決定した際の条件が変わったとすれば、それはもう一度その時点で見直すべきである。この意思決定ルールに従えば、仕事を抱え込む状態にはならない。即決か保留のどちらかになるはずだ。精神的にもストレスにならないし、やるべきことがはっきりする。

最後にノーと言える

何か製品やサービスを開発して、最後の出来映えを見て、最終的にゴーを出すかどうかという重要な決定は社長の役目だ。このとき、一〇〇パーセント思った通りの出来でない場合、ノーという、ダメ出しすることが必要だ。ソフトウェアやサービスの場合には、早くリリースして、ユーザーのフィードバックをもとに、すばやく改善して行くやり方も重要だが、それでも最初にユーザーをワクワクさせる、がっかりさせない、興味を刺激する必要がある。

ハードウェア製品の場合には、簡単に出し直す訳にはいかない。徹夜して頑張った開発陣、発表の準備をして待ち構えている宣伝チーム、顧客を待たせている営業からのプレッシャーなど、「まぁ、仕方ないか」と通してしまう理由は山ほどある。社長以外の全員はこれで妥協して出したいと思っているかもしれない。それでも、ノーというのが社長の役割だ。

社員の意識を引き上げる

判断基準にすべきは、会社のミッションやビジョンであり、世界を目指すという目標であり、イノベーションを引き起こすことであり、人々に驚きや感動を与えるといったことである。つまりは、会社の存在意義に関わる。何日徹夜しようが関係ない。できなければ、世界で闘えない。目標を引き下げない、目線を下げない、目の前の困難を言い訳にしない、という断固とした態度が社長の役割である。

とは言え、自分自身も完璧でない、うまく行っていないことも当然ある。それが故に、強く言いにくいこともあるだろう。しかし、ある意味、自分のことを時には「棚に上げる」のも社長の役割だ(あまり棚に上げ過ぎると社員の反発をまねくので要注意)。理想から考えて、自らも含めて会社を高い目標に向かわせるようにしたい。

経営陣は、一貫してぶれずに徹底していくことが重要である。こうした空気は、そのまま社風となって行き、社員全員が意識するレベル感、規範といったものになっていく。製品やサービスについてだけではなく、勤務態度や経費の使い方などあらゆるところに出てくる話だ。昨今ニュースになるような不正や不祥事も、こうあるべきといった価値観や倫理観が社内に浸透していれば、避けられることも多いのではないかと私は思う。

必勝法はない

若い経営陣の場合、経験もないので、最初からうまく経営できるはずもない。どんなに優秀な人でも、判断ミスもするし、交渉で失敗することもある。大企業に入れば、案件を経験させてもらったり、会社の育成プログラムで鍛えてもらえる。先輩や上司から学べば良い。スタートアップの場合は、自ら学んで行くしかない。誰も怒ってくれる人がいないし、褒めてもくれない。いつまでも成長できない会社は、経営陣が成長できていないということだ。

では、何をすれば良いのか。「すべての仕事が学びのチャンス」と思うことだ。何かを決めるということは、そう判断した理由があるはずだ。結果どうなったかを振り返って、どうすれば次からもっと良い判断ができるかを考えて、実行して行く。極端な話これを三六五日、二四時間やれば良い。意識的に続けていけば、一年もすれば、そうとう経営力、計画の精度、考え方が洗練されるはずだ。しかし、これは言うほど簡単ではない。人間、うまく行かなかった場合に、とかく自分以外のせいにしがちである。常に、一〇〇パーセント自己責任。自分以外の誰かのミスであったり、誰かの開発の遅れであったり、大きな外部要因があったとしても、すべてが自分の責任と思えば、対策を考えようという発想になる。つまり、「一〇〇パーセント自己責任」という意識が成長への大きな力となる。自分の責任ではないと思ったとたんに、そこは改善されずに残ってしまう。

最初からラージヒル・ジャンプは飛べない

起業するなら早くした方が良いと思う理由は、会社経営するコツは実際に自分でやってみないと分からないことが多いからだ。経営のノウハウ本はいっぱいあるし、成功した起業家の体験談も世の中には溢れている。しかし、成功の必勝法というようなものがあれば、皆成功している訳で、そんなものは存在しない。ある事業が、そのタイミングで、その起業家のやり方で成功したということであって、あなたの考えや性格、得意なこと、事業の内容、周辺状況やタイミングなど、すべてが違う。他人の成功話が、そのまま参考になることはない。自分のスタイルをつくって行こう。

どうしても同世代の経営者やライバル企業のことを意識してしまうこともあるだろうが、比較しても仕方がない。ライバルはむしろ自分自身、自社である。今の自分たちが成長しないことには話にならない。

特に、誰もやっていない新規分野の開拓、革新的なテクノロジーが可能にする新たな事業といったものは、参考になるようなものはない。自分自身が開拓して行くしかないのだ。大きなジャンプをするには、やはり訓練が必要だ。スキーのラージヒル・ジャンプを最初からできる人はいない。小さなジャンプから経験して行って、徐々に大きなジャンプができるというものだ。一歩ずつ前進するしかない。明日は今日より成長している自分がいるように心がけたい。

次の世代につなぐ

起業家を育てるのは起業家

テクノロジー・スタートアップの成功事例が増えてくれれば、日本は元気になる。事業の成功のみならず、若い経営者が、リーダーとして人間力を身につけて、成長することを期待する。そして、成功した起業家が、後輩起業家を支援するようになれば最高だ。技術者や研究者出身で、経営者になり、事業を成長させてＥＸＩＴまで経験した人は、支援側として最適である。シビアな資金繰りや時間のなさの切迫感、思いもかけない出来事、チャンスをつかみ取る尋常でない開発など、経験しないと肌感覚では分からない。

起業サイクルが回り出す

成功事例が増えてくれれば、シリアルアントレプレナー（連続起業家）として、新たに事業を起こす人も出てくる。二回目は一回目より、成功確率は格段に高くなる（二回目以降は、どうしても一回目ほどハングリーさがなくなる傾向にあるので、緊張感の維持が課題となる）。ＶＣやアクセラレーターなどスタートアップ支援・育成ビジネスを立ち上げる人も出てくる。起業家出身のＶＣ人材が増えると非常に強力だ。その結果、成功するスタートアップがさらに増えていく。一人の起業家が、一〇人を支援すれば、一〇倍、一〇〇倍、一〇〇〇倍と指数関数的に増えていく。このサイクルが回転すれば、ノウハウが継承されて行き、スタートアップのコミュニティは自然に大きくなり、協力関係も広がり、スタートアップの成功確率はさらに高まって行く。起業家は、自分が応援してもらって成功すれば、次の世代を支援することで恩返ししたいと思うものだ。ペイ・フォワードの精神である。日本から大成功するテクノロジー・スタートアップを継続的に輩出するには、この起業サイクルを回す必要がある。まだ、最初の一歩がはじまったばかりだ。

第5章

未来を創る

インターネットは、世界中の人々をパソコンやスマホを通してつなぐという段階からさらに進んで、あらゆるモノをつなぐ段階へと進化しつつある。この二〇年あまりで、リアルの世界のあらゆる人間の活動（ショッピング、オークション、エンターテインメント、広告、テレビ放送、メール、電話、おしゃべり、つぶやき、などなど）がネット上（サイバー空間）へと展開されて行き、ネット経済が大きく成長した。そして、数々のスタートアップが成功した。情報通信技術は、今後さらにエンジニアリング、生命科学や医学、材料やナノテクノロジー、航空宇宙などとより深く結びつき、様々なイノベーションを起こすと予想できる。リアルの世界がネットにつながり、様々な変化が起きる。スタートアップが活躍できそうなテーマがたくさんある。アラン・ケイやピーター・ドラッガーが言っているように、まさに「未来を予測する最善の方法は、それを自ら創り出すことだ」。

本章では、特に私が有望と考えている成長分野、テクノロジー・スタートアップに期待したい領域をいくつか取り上げる。また、「日本勢としてグローバルな競争にどう勝つか」という視点でも考えてみたい。どれも注目度の高いテーマである。スタートアップに興味のあるエンジニアや研究者、新しい分野の開拓に興味のある起業家のヒントになりそうなトピックについて紹介する。これらは、大企業にとっても重要なテーマかもしれない。どの分野も最新のテクノロジーによって、大きな変革をもたらす可能性のあるものばかりだ。

最適化へ向かう社会

脱二〇世紀型モデル

ネット経済では、すでに様々な分野で需要と供給のマッチングによる最適化が威力を発揮している。中間業者はなくなり、自動化が進んでいる。今後、モノのインターネット、ＩｏＴの活用で、リアルの世界の生産と消費のデータが密に連携して、より一層最適化が進んで行くことが期待できる。大資本を投入して、大量生産し、マスメディアで大衆向けに広告宣伝して、大量に販売するといった事業者（生産者）からユーザー（消費者）への一方向の従来のやり方は根本的に変わる可能性がある。事業者は、その製品やサービスのユーザーと直につながり、ユーザーのほしいものを届ける。この方式の場合は、事業者はユーザーと直接つながることにより、あらかじめ販売数などを精度高く予測することができる。大きな広告宣伝費や過剰な在庫を抱えることもないので、コストは下がり、事業者、ユーザーの双方にメリットがある。事業者は、ユーザーの嗜好も把握できるので、新たな製品やサービスを企画したり、提案することも可能だ。このように、これまでとは逆向きのユーザーから事業者への情報の流れが重要になり、ユーザーからの積極的な発信がますます増えて行くであろう。

事業者とユーザーの関係は、これまでのようにお互いに顔の見えない遠い存在ではなく、今後は直接結ばれて、お互いの信頼関係が構築され、それを楽しむようになりそうだ。資金の流れも変わるかもしれない。ユーザーが事前予約をしてくれたり、先払いといったこともありえる。つまり、事業者は、「ユーザーと長期的な関係を築く」ことが重要になる。事業者は、ユーザーの購買情報や関係性の強度をベースにビジネスを組み立てれば良い。設備投資などの中長期的な取り組みも含めて、事業計画も立てやすくなるはずだ。こうした事業者とユーザーの長期的な関係により、融資や保険も組み込みやすくなる。この話は、ユーザーが法人の場合には、そのままB2Bビジネスとしてあてはまる。

このようなデータに基づく経済モデルは、すでにネットビジネスでは広がっている。今後は、リアルのあらゆる分野に浸透して行くと考えられる。家電製品や衣料品、食料品、農作物などの生鮮食品、医療サービス、教育サービスなど、大きく変革する可能性がある。そして、人工知能やロボットの導入が進み、あらゆる分野で効率化、自動化が進んで行くと考えられる。産業がデジタル化し、社会全体が最適化へ向かって行く。例えば、タクシーの待ち時間や、パーキングやトイレの空き状態、配送の効率、店舗内の商品配置など、周りを少し見渡せば、課題は至るところにある。本書では深入りしないが、金融分野の最適化、ブロックチェーンの応用やビットコイン、新たな決済方法なども進んでいる。もしあなたが、何かが旧来の方式のままで無駄が多いとか、最適化の余地があると気づいたら、それを根本的に変えるチャンスがある。

所有からシェアリングへ

我々の生活スタイルも、使用頻度の低いものを買って所有するより、皆でシェアする、空き時間を有効に活用するといった方向に進んでいる（シェアリング・エコノミーとも呼ばれている）。これもネットやスマホの普及によって、いつでもどこでもサービスを受けられるようになったからこそ実現する話である。また、こうした動きは、ネットが人々の生活に浸透し、ネット上で徐々に信頼感が生まれているとも言えるかもしれない。我々人間は、新しい環境に適応する能力に長けていると実感するばかりである。

カーシェアの例を考えてみよう。おそらく自家用車ほど稼働率の低い（二四時間三六五日で割ると、稼働率は数パーセント以下という試算もある）、高価な所有物はないであろう。駐車場や車検、ガソリン代、自動車保険など維持コストも高い。世の中の自動車の稼働を最適化するようなモビリティ（人の移動）サービスは、自動車メーカーの脅威になるかもしれない。将来は自動運転も導入されて行くだろう。自動車を所有しなくても人々が便利に移動できるようになれば、自動車の販売台数は激減する。日本の基幹産業である自動車産業は、多くの部品メーカーも含め巨大で、製造業へのインパクトは極めて大きい。大手自動車メーカーは、むしろ快適なモビリティを人々に提供するための社会インフラを構築し、サービス（移動サービスのみならず、車内で快適な時間をすごすための各種サービス）を提供する会社へと変わって行くかもしれない。新しい街づくり、電気や水素のエネルギーインフラも含めた都市のスマート化と一体となって推進するような話である。

このように、メーカー側もモノ売りのビジネスから、サービスへと転換を求められている。こうしたビジネスモデルの転換期には、スタートアップに大いにチャンスがある。あらゆる分野で、既存のモノ売りビジネスを破壊する可能性がある。

ポストスマホ時代の競争領域

ネットの巨人が人工知能を加速

人工知能の研究開発競争が世界的に激しくなっている。大手ＩＴ企業や国の研究所が力を入れているし、多くのスタートアップがしのぎを削っている。すでにネットサービスで世界的にシェアを握っているネットの巨人（グーグル、アマゾン、フェイスブックなど）は、自社のサービスで大量のデータを蓄積している。これらの一〇兆円規模の事業をしているネットサービスの巨人たちは、人工知能の成果を即座に活用できる立場にいる。蓄積している大量のデータをもとに最新の技術を応用して、一パーセント広告の精度が上がったり、商品のレコメンドのヒット率が上がれば、即一〇〇〇億円単位の収益アップにつながる。人工知能分野へ一〇〇〇億円単位の研究開発費を投じるのは、極めて合理的な話である。世界最大級のデータを使って新しいアイデアを試せる環境は研究者にとっても魅力的だ。

トップレベルの人工知能研究者が大学からこうした企業に移ったり、共同研究に積極的なのもうなずける。しかも、これらの企業にとって、研究成果や技術、開発したソフトウェアを無償公開してもさして問題はない。むしろ、オープンにして多くの研究者がさらに改良してくれたり、業界で技術が進化すれば、それを取り込むことにメリットがある。つまり、人工知能の成果をマネタイズするビジネスとビッグデータを持っているのである。

もう一つの脅威は中国だ。何せ人口が多いので、ビッグデータのサイズが凄まじい。政府主導で、個人情報なども戦略的に集めることができそうだ。中国の人工知能研究は加速しており、国家戦略として人工知能時代の覇権を狙っている。

人間をより深く理解する

リアル世界のモノが、ネットに本格的に接続するのはこれからだ。しかも、これはマクロなレベルから、ミクロなレベルまで膨大な世界だ。私は、この未開拓領域をリードすることで、日本勢にもチャンスがあると思っている。現在のネット上に蓄積されたデータに関しては、ネットの巨人が牛耳っており、これを今からひっくり返すのは難しい。しかし、ネット上の人間の活動は、リアルな世界も含めた全体からすれば、ほんの一部であり、人間の行動や経済活動の詳細を知るには不十分である。ここでの競争力の源泉は、「人間、生命や地球を一歩深く理解する」ことだ。人間の表面的な行動やネット上のログの分析だけでなく、新たなリアル世界のデータを分析することにより、より深い洞察

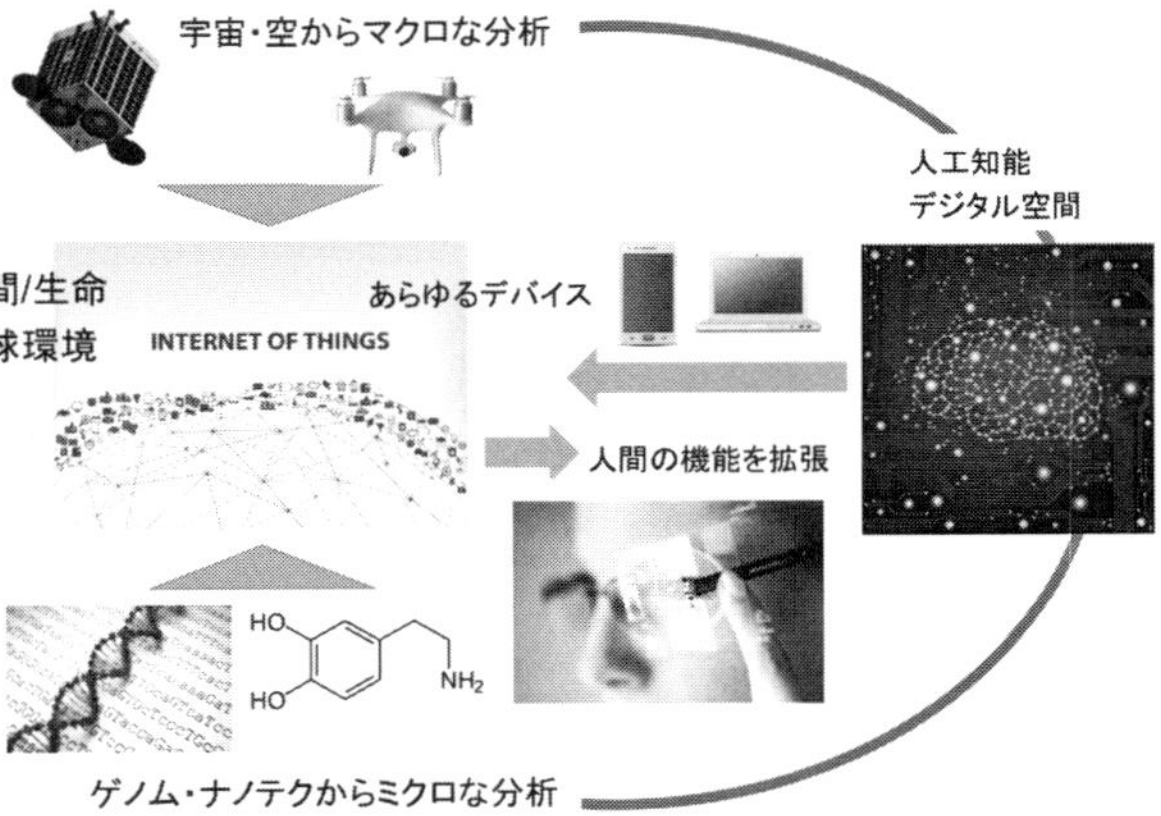

図1　リアル世界がインターネットにつながる

と予測が可能になる。それらを応用すれば、高付加価値の製品やサービスを開発することができるはずだ。

また、人間とデジタル空間とのインタフェースが、今後大きく変わって行く。これまでは、パソコンやスマホなど、基本的には画面を通して接していた。このインタフェースが多様化する。つまり、人間とデジタル空間との接点が画面から飛び出し、あらゆるモノや場面が接点となる。すでに、ウォッチ型やリストバンド型、メガネの拡張などのウエアラブル製品が多数出ているが、シャツや衣服、コンタクトレンズ、シューズといったものがネットに接続し、さらに脳に直接働きかける方向へと研究は進んでいる。これまでのパソコン、スマホのプラットフォームを牛耳られた状態を変えられる可能性がある。新たな競争が世界的に始まっている。

マクロ的なアプローチでは、宇宙産業の進展によって、宇宙から地球をリアルタイムに観測することも可能になりつつある。また、ドローンを飛ばして、ある地域をピンポイントに監視することも手軽にできる。今後、画像データを中心に各種データを地球規模で収集し、詳細を分析することにより、様々なビジネスに活用できる。経済活動の分析・予測、異常の検知や予兆の分析、宣伝やマーケティングの最適化など、これからの経営になくてはならないツールになりそうだ。

一方ミクロ的なアプローチでは、バイオ・医療分野の発展もめざましい。特に、ゲノム（遺伝情報）解析のコストが下がり、人間だけでなく、農産物や土壌などあらゆる分野への応用が広がりそうだ。ゲノムと何らかの形質や特徴の関係も多くのデータを集めることによって、分析の精度が上がる。ゲノム情報を活用して、様々な分野で最適化が進むかもしれない。

こうした先端テクノロジーの活用で、まったく新しい産業が生まれることもあるだろうし、既存の産業を桁違いにアップグレードさせることもできるかもしれない。少し生産性をアップするような改良ではなくて、非連続なジャンプをもたらすイノベーションをスタートアップには期待したい。これまでの常識にとらわれず、ある分野に注目して、新しいテクノロジーを応用するとどうなるかを考えてみたり、有望な技術に注目して、それを適応できる分野を広く考えてみるのも面白い。

リアル世界に神経網と頭脳を

IoTとAIで何ができるのか

最近注目されているIoT(Internet of Things)とAI(人工知能)で、そもそも何ができるのか。大雑把に言えば、「データを集めて」、それを「認識・分析して」、その結果、何らかの「行動を起こして」価値を生み出す、ということだ。こういったソリューションは、ある程度は従来からあったし、ネットサービスなどでは、ターゲット広告や商品の推薦などで広く使われている。ネット販売のアマゾンのレコメンドでもおなじみだ。それでは、今回、何が新しいのか。一つは、ネット外のリアル世界のデータを広く集める動きが出て来たことだ。この部分がIoTの流れである。つまり、情報を伝達する神経網をつくること。そして、もう一つがディープラーニング(深層学習)のブレイクスルーで、認識や解析などの精度が一段と向上した点である。こちらが頭脳である。多くのデータを集めて、認識・分析して、その結果に基づいて行動を起こし、ビジネスにつなげる。この最後のビジネスに直結する部分がポイントである。売上・利益を伸ばしたり、自動化で大幅なコスト削減を実現する、あるいは分析結果から新たなビジネスを創出するなど具体的なマネタイズモデルが必要になる。

つまり、単にデータを集めて、分析しただけでは大きな効果は得られない。ビジネスモデルも含めて、全体システムを設計する必要がある。神経網で集めた情報を脳で分析して、行動を起こす手足まで含めてはじめて完結したシステムとなる。いわばデータをマネタイズする勝利の方程式を持っているところが断然強い。グーグルの打ち出の小槌、検索キーワードに連動する広告ビジネスは、まさに勝利の方程式だろう。

こうして考えてみると、ＩｏＴ時代では、要素技術や従来の区分けのビジネス領域だけでは価値を生み出しにくい。大きなビジネスにするには、より大きなシステムを設計したり、これまでは別々だった事業領域を結びつける「統合力」が必要である。ウェアラブルデバイスでデータを集めて健康を促進するサービスを生命保険と組み合わせて、より総合的な商品をつくるとか、各家庭の電力消費の詳細データから消費者動向をいち早く分析し、一つの経済指標として活用し投資の成績を上げるなど、ありとあらゆるアイデアがありそうだ。データ活用ビジネスは、「風が吹けば桶屋が儲かる」的な一見直接つながらない事象をむすびつけることでビジネスになることもある。

IoTの勝者となるには

あらゆるモノをネットにつなげ、データをクラウドに集め、分析して何らかのアクションを起こしたり、有用なアドバイスを行ったり、より大きなシステムと連結して全体を最適化したり、連動して効率を高める、といったことが各所ではじまっている。産業分野の応用では、つながる工場・スマート工場によって生産性を高め、競争力を強化しようという動きが加速している。さらに、産業インフラ、産業機器の稼働状況の分析、予測、最適化、異常の検知といった応用が進む。こうした「つなが

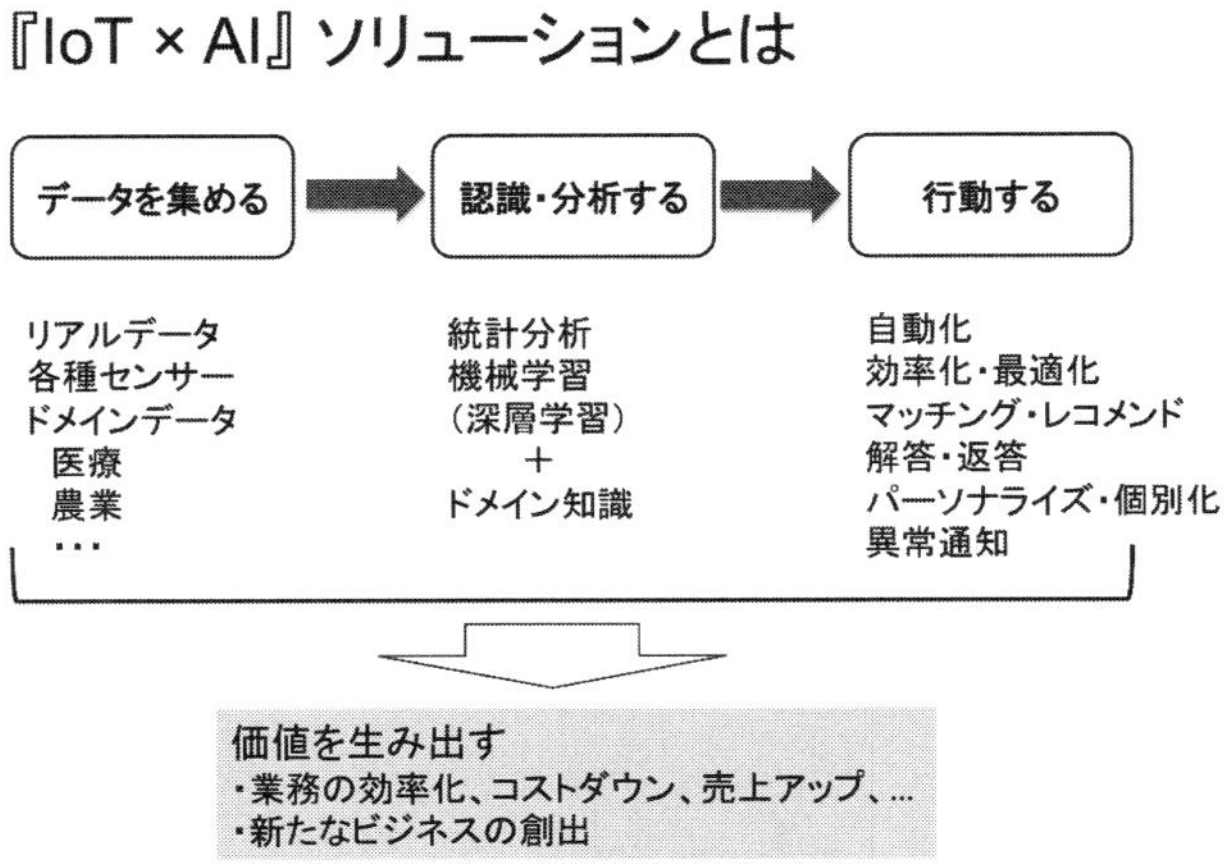

図2　「IoT×AI」で価値を生み出す仕組み

ることによる産業活動の改善」は、第四次産業革命（インダストリー4・0）と呼ばれている。

　工場や店舗、その他施設に各種センサーを取り付けて、データを集めて分析し、何かを自動化したり、効率を上げたり、集客を増やしたり、様々な改善がはじまっている。確かに、究極的には自動化工場など、大幅な効率化が期待できるかもしれない。しかし、これだけだとＩｏＴによる業務改善といった話で、イノベーションというほどでもない気もする。第四次産業革命で大勝ちするには、先に述べた通り、事業を大きく飛躍させたり、モノ売りからサービスにビジネスモデルを転換したり、新規ビジネスを可能にする「統合モデル」が必要である。ＩｏＴの本質は、新たなビジネスモデルの創出である。リスクを取って、隣接する事業領域を統合したり、複数の事業領域を横断する機能を推進するプレーヤーが勝つ可能性が高い。

　ＩｏＴ向けのソリューションを提供する側の競争はど

うであろうか。各種センサーやデータを集めるクラウド、人工知能エンジンや分析ツールなどが必要になる。もはや端末のＯＳとか通信の標準化といった単純な話ではない。かつて、企業にＩＴが導入されて行ったときに、それぞれの企業に合わせて個別の業務システムが開発されたように、現状は、それぞれの工場や施設に個別のＩｏＴソリューションが導入されつつあるように感じる。これが可能なのは、それなりの設備投資ができる大手だけで、中小企業をカバーする段階になると、格安で汎用的なＩｏＴソリューション、標準的なセンサーをそろえて、データをクラウドに集約し、各種分析ツールもそろっている、オール・イン・パッケージとなるであろう。工場や店舗、病院、橋やトンネルなどそれぞれの分野毎に汎用的なソリューションという感じになりそうだ。特定の領域でのドメイン知識の活用や、データが集まることによる分析精度の向上などが期待できる。最初にシェアを獲得して、データ収集でスケールしたプレーヤーが優位に立つ可能性が高い。一つの領域で大きなシェアを取るだけでもかなりのビジネスになる。

このＩｏＴクラウドをごっそり持って行くプレーヤーが勝者になる可能性がある。今から注意が必要だ。すでに、アマゾンやＧＥ、ＩＢＭなどの海外勢がそうした動きを加速している。ＩｏＴクラウドプレーヤーは、多くの顧客を集めることで、コストメリットを出し、徐々に大手も取り込み始めるかもしれない。各顧客の個別のデータと、汎用的な気象データや交通情報などを組み合わせるサービスや、経済情報・市場予測を織り込んで経営データを分析予測するなど、いろいろな拡張サービスが考えられる。ＩｏＴソリューションベンダーには、顧客の業務や生産システムの効率化だけでなく、顧客のビジネスモデルを変革する提案が求められている。

ハードとソフトとサービスが一体化

ソフトウェアやネットサービスの領域では、資金と人材が一気に集まる米国勢の瞬発力に対抗するのは、なかなか難しい。先進的な人工知能の技術が開発できたとして、米国勢とネットサービスで競争するのは分が悪い（買収イグジット先としてみれば、ネットの巨人は大変有力である）。日本勢が取り組むなら、人工知能の応用先としてネット外のデータに目を向けたい。ＩｏＴ時代には、すべての産業が人工知能の応用先となる。いち早く、それぞれの分野でビッグデータ、学習データを集めることが競争に勝つためには重要になる。

ハードウェアが絡むと、モノづくりの時間軸に縛られるので、日本勢の力が発揮しやすい面がある。試作や実験、製造、量産といったモノづくりのプロセスは時間がかかるし、様々なノウハウ、忍耐も必要だ。ソフトウェアやサービスほど簡単にはスケールしない。さらにモーターなどの駆動部分があると、より繊細な機構と制御が必要になるので差別化しやすい。ここに日本勢が勝つチャンスがあるように思える。しかし、ハードウェアだけでは、いずれコモディティとなり、競争力を維持するのは難しい。ハードウェアとソフトウェアやサービスを組み合わせ、それにユーザーのネットワーキング機能（ユーザーが新たに加入することで、他のユーザーの利便性が高まる）で存在感を高め、そして集めたデータを価値に変える、といった戦略が必要になる。

人工知能を活用する時代には、ハードウェアの設計や開発の考え方も大きく変わる。製品を出荷した後のユーザーの使用データを分析し、よりユーザーに最適化するようにパラメータを調節したり、多くのユーザーのデータを分析することにより、機能を改良したりと、ハードウェアも使えば使うほど進化するという構成になって行く。そのためには、できるだけハードウェア機能を「ソフト化」して、後から調整できるようにしておくことが必要になる。また、製品のリリース後にソフトウェアをアップグレードする機能を組み込み、新規機能も追加できるようにしておくなど、柔軟な設計が要求される。ハードウェアはもはや単体の売り切り製品ではなく、継続的なサービスを顧客に提供するための端末であり、クラウドとつながって機能する。サービス側から見れば、ハードウェア製品はデータを集めるためのネット端末である。製造業はソフトウェア開発、クラウドサービスと一体となる。

考えてみれば、日本メーカーの高品質で耐久性の高い製品は、長く使えて故障しないので、モノ売りビジネスよりもサービスモデルの方が強みを発揮できるはずだ。ロボットでも、電気自動車でも、医療機器でも、ウェアラブルデバイスでも、人工衛星でも構わない。ハードウェアとソフトウェアを組み合わせて、その上で人工知能が活かせるサービスを構築する、タイミングを捉えて世界に挑戦するスタートアップに期待したい。

スマートハウスのセンター争い

コンシューマ市場でのＩｏＴの争いはどうであろうか。まず各社が取り組んでいるのが、個々の機

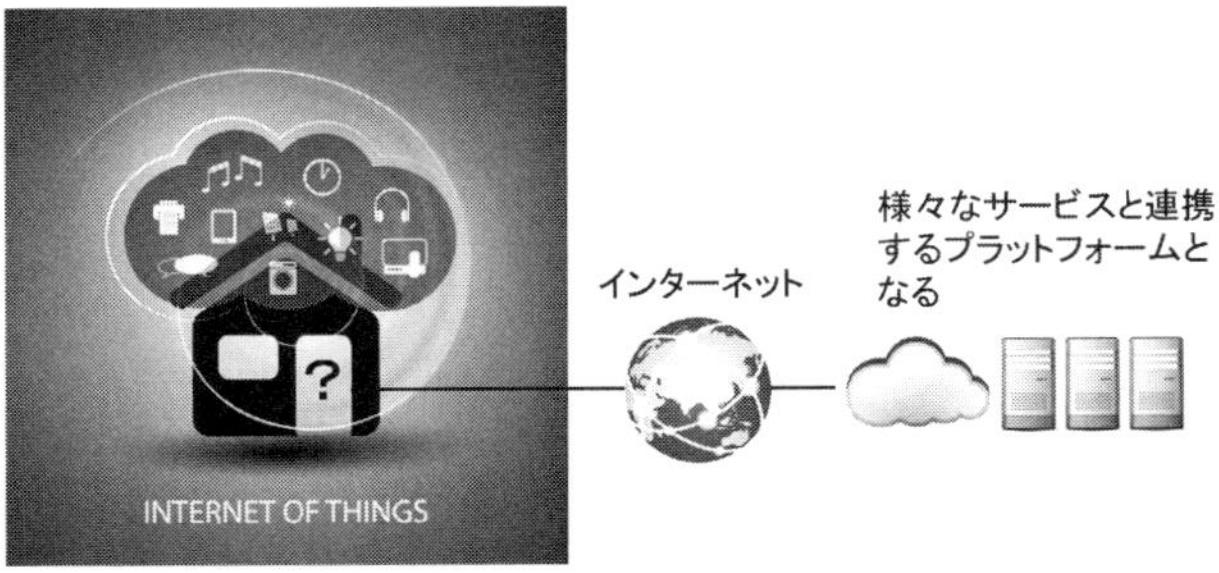

図３　スマートハウスのセンターは何になるか

器がネットワークにつながって、付加価値をつける「スマート化」だ。ネットワークを通して機器を遠隔からコントロールしたり、見守り的に監視する機能を付加したり、ＳＮＳサービスと連携するなど、様々な拡張機能を提案している。使用状況のデータを集めることによって、ユーザーに合ったサービスを提案するなど、ユーザー毎にパーソナライズして利便性を高めるといった方向もある。つまり、個々の機器（点）がネットで個々のアプリやサービス（点）とつながり、線になった状態だ。今はたくさんのバラバラな線が出てきている。

次の段階は、これらの線が機能的に統合する面をつくる、機器やサービスの連携のセンターポジションが焦点となる。ここに登場してきたのが、ＡＩスピーカーである。人間と自然言語で対話して処理をしてくれる。アマゾンが先行しているが、世界のビッグプレーヤーがしのぎを削っている。しかし、現在のＡＩスピーカーの形がそのまま家庭のセンターになるかは分からない。日本勢は今のところあまり形勢が良くないが、過去には家庭用ゲーム機でハードとソフトを組み合わせてプラットフォームとして、任天堂やソニーＰｌａｙＳｔａｔｉｏｎが世界で大勝ちした例もある。まだまだ競争ははじまったばかりだ。

近い将来、一家に一台ロボットが利用される時代が来るかもしれない。日本で年間一〇〇〇万台、世界で一億台という規模になれば、周辺サービスも増えて、ポストスマホの地位を獲得する存在になる。いずれにしても、このいわば人間との対話のフロントエンドを握ったプレーヤーの威力は絶大だ。人間との対話のビッグデータが手に入る。ユーザーへの各種レコメンドも対話を握ることでコントロールできる。情報があふれる時代に、人々が頼るナビゲーション役になるかもしれない。ある意味、検索の窓口よりも強力なポジションである。

さらにその先では、人間がもっと直接的にネットやデジタル空間とつながるような環境になりそうだ。その頃、次世代のスマートハウスでは、最初から家全体がセンサー網で連携し、人間を包み込む構造になって、人間と対話する相手は家（環境）そのものになっているかもしれない。いずれにしても、日本勢としては、少し先回りして、プラットフォーム的ポジションを取りに行きたいところだ。プラットフォームとは、世界中のサードパーティがその上でビジネスができる経済圏をつくることだ。大企業とスタートアップの協業にも期待したい。

ロボットなしでは成り立たない

日本の最大の課題

日本の喫緊の社会課題は、人口減少・少子高齢化であろう。平成二七年度版厚生労働白書（厚生労働省）によれば、日本の人口のピークは一億二八〇八万人（二〇〇八年）で、その後、減少に転じ、現時点での見通しでは二〇五〇年には、一億人を割り込み九七〇七万人になると推計されている。労働力の中心となる一五歳から六四歳までの生産年齢人口は、二〇一六年の約八〇〇〇万人から、二〇五〇年には約五〇〇〇万人に大幅に減少する。現在は、働く人二人で一人を支える比率だが、これが二〇五〇年には働く人一人で一人を支える比率になる。おおよそ人口の半分で、日本の生産力、社会保障を支えることになる計算だ。世界でも例を見ない超高齢化社会となる。

この数字を見れば、日本のかかえる課題の重大さが分かる。労働力不足は深刻となる。情報技術やロボットをフル活用して、生産性の向上、効率化、自動化をあらゆる産業で進める必要がある。一方でコストを抑える方は、超高齢化社会の社会保障・医療費の削減が最重要テーマとなる。これらの課題の深刻さは、他の国とは比べものにならないぐらい大きい。逆に言えば、これらの課題の解決につながる技術の開発、イノベーションを推進する、しなければならない理由は明白だ。この予測通りに人口減少が進めば、働く人一人＋ロボットで一人を支えるぐらいでないと対応できないのではないだろうか。日本の未来はロボットなしでは成り立たない。様々な課題にチャレンジするスタートアップが望まれている。

期待されるロボット活用

日本は産業用ロボットの分野では世界をリードしており、今後はサービスロボットの分野も急速に

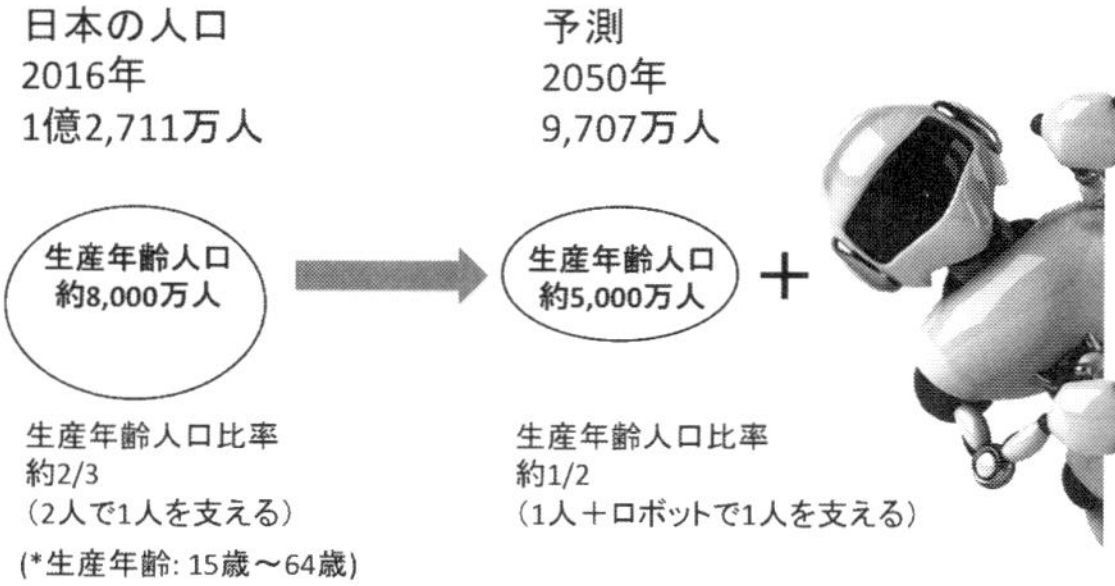

図４　日本の未来はロボットなしでは成り立たない

成長しそうだ。ドローンなども含めた各種ロボットを広範囲に活用することが期待されている。短期的にロボットを事業化する一番のポイントは、うまく目的を限定する課題設定にある。例えば、配管の老朽化や破損を検知するとか、荷物を種類によって所定の場所に運ぶとか、生産ラインの一部の工程を人間に代わってこなすといった目的がはっきりすれば、おのずと必要な技術課題も明確になり、解決できる。ロボット導入のコストと、それによる効果（コスト削減や効率アップ）が予測できれば、市場性も見通しがつきやすい。人間ができない作業をロボットに任せるニーズもある。災害現場では自動化のレベルが高くなくても、遠隔操作でロボットに作業させるという形態でも十分役に立つ。水中ドローンや海底探査ロボットなどもこれからの分野だ。早期の実用化を期待したい。

工場や作業現場で、ロボット導入が進めば、労働者不足が補える。作業レベルの人件費の削減になり、人件費のコストを下げる目的で海外に工場を移転する意味はなくなる。完全自動で稼働率の高い生産システムを構築できれば、企業の利益率は上がり、競争力は向上する。ＩｏＴと人工知能もフル活用して、いかに自動化のレベルを上げるかがポイントになる。

汎用ロボットへの道

応用毎に目的に応じて別々のハードウェアとソフトウェアを開発して、ロボットを製品化するアプローチは、これまでの産業用ロボットと同じで、プラットフォーム化が難しい。一方、汎用的なロボットをプラットフォームとして、いろいろなアプリケーションソフトをそろえようというアプローチはかなり野心的なものだ。目的によって最適なロボットのハードも形も様々だ。ある限定したシーンや応用の範囲内ではあっても、いかに柔軟で、型通りではないシステムを構築できるかが使い勝手のキーとなる。

ロボット開発の一つの究極のゴールは、SF小説や映画に登場するような何でもこなせる汎用的なヒト型ロボットであろう。私は、その実現には三つの要素が必要だと考える。一つ目は、柔軟で強靭(きょうじん)な運動能力というハード面だ。身体機能と言っても良い。重い荷物を運ぶなど、人の手助けをできる運動能力だ。人間の生活空間を自由に動き回るには二足歩行が望ましい。二つ目は、いわゆる知能部分のソフトウェア。学習によって精度が高まる人工知能が中心になる。人間とのコミュニケーションを自然言語でスムーズにできるか、人間の意図を正しく理解できるか、という課題が目の前のハードルになっている。さらには、人間の意識の解明、心的機能をどう実現するかが、大きな未解決テーマである。三つ目は、外部とのインタフェース。各種機器との連携やサービスとの連携だ。家庭

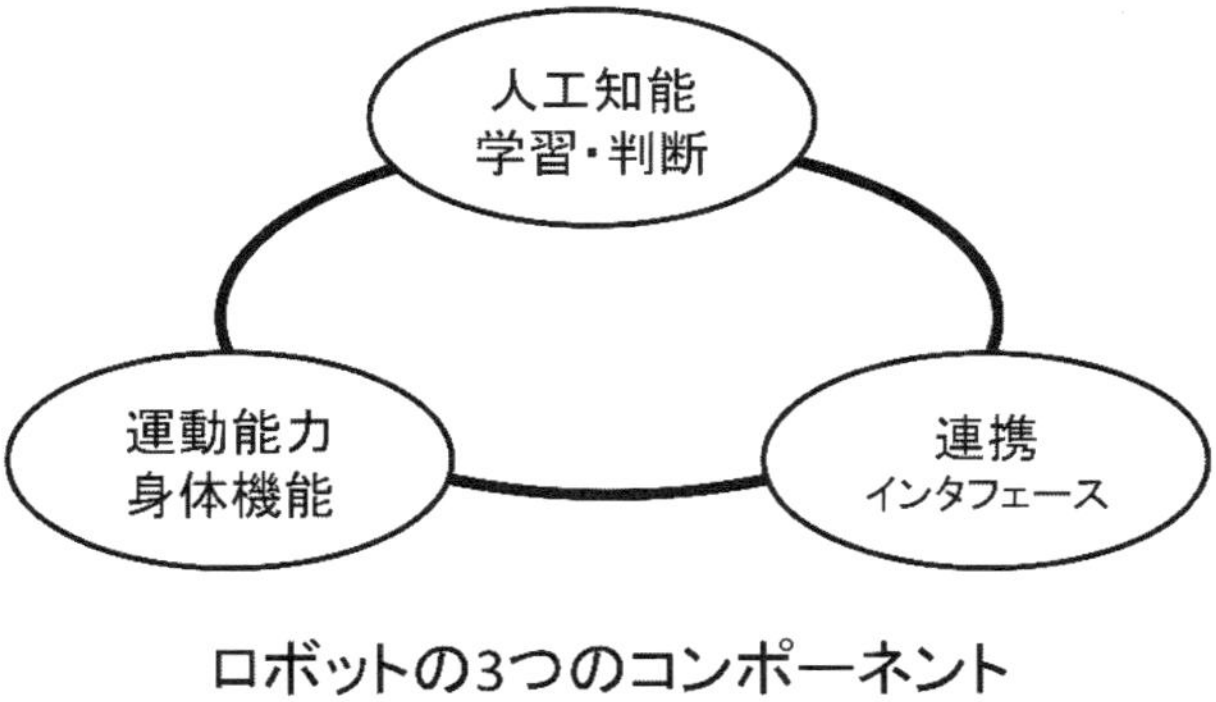

図5　ロボットを構成する3つの要素

内であれば、ロボットが各種センサーや家電機器と連携して、人間を支援するサービスを実現したい。

この三つのコンポーネントがすべて一気にそろう必要はない。家庭内の家電機器連携を主目的に考えれば、運動能力はあまり必要ない。自動車の自動運転は、車というハードに人工知能と連携を入れ込んだ形だ。ペット的な癒やしロボットなら、ある程度の運動能力とデザインが重要かもしれない。加えて、人間の会話や表情に反応する人工知能で、人間を飽きさせず、愛着を持ってもらえるようにできれば成功だ。この三つの要素が、様々な製品で実用化されながら、徐々に進化し、応用範囲が広がって行くと考えられる。

家庭向けのロボットは、一つのプラットフォームとなりえる候補であり、先に述べた通り、一家に一台、さらに一人に一台という時代が来るかもしれない。ロボット分野のマイクロソフト、アップルが生まれる可能性もある。成功するには、魅力あるデザインと基本機能、そして、これだけでもほしくなるというようなキラー・アプリケーションが必要だ。すでに多くのスタートアップや大企業が参入して激しい競争が始まっている。

文化的にロボットに親しみを感じる日本人。一般への導入に有利に働くかもしれない。さらに、ロボットを活用する社会システムの設計、法整備も必要になる。近い将来、少子高齢化で労働力不足が深刻化する日本では、ロボットを本格的に活用して、あらゆる分野で自動化・効率化を進め、少ない人員で高付加価値を生む構造に転換して行く必要がある。

生命2・0をもたらすゲノム科学

ゲノム科学が身近に

ヒトゲノム（ヒトの全遺伝情報）が世界ではじめて解読されたのは二〇〇三年で、ほんの一〇数年前のことだ。生物の設計図となるDNAの構造は、アデニン（A）、チミン（T）、グアニン（G）、シトシン（C）の四種類の塩基の配列である。このDNA塩基配列（シークエンスという）を高速に読み解く装置、次世代シークエンサーが開発され、ヒトのDNAの解読コストは、この一〇年で一〇〇〇万ドルから一〇〇〇ドルに、一万分の一に下がった。そして、あらゆる生命体のゲノム情報が日々解読されつつある。がんなどの様々な病気とゲノムの関係や遺伝的リスクなどが分かってきている。DNA配列は、あらゆる生命で共通のフォーマットであり、微生物から植物、動物、ヒトまですべて同じだ。つまり、解析手法やシステム、技術ノウハウが、非常に広い範囲に応用できるという魅力がある。

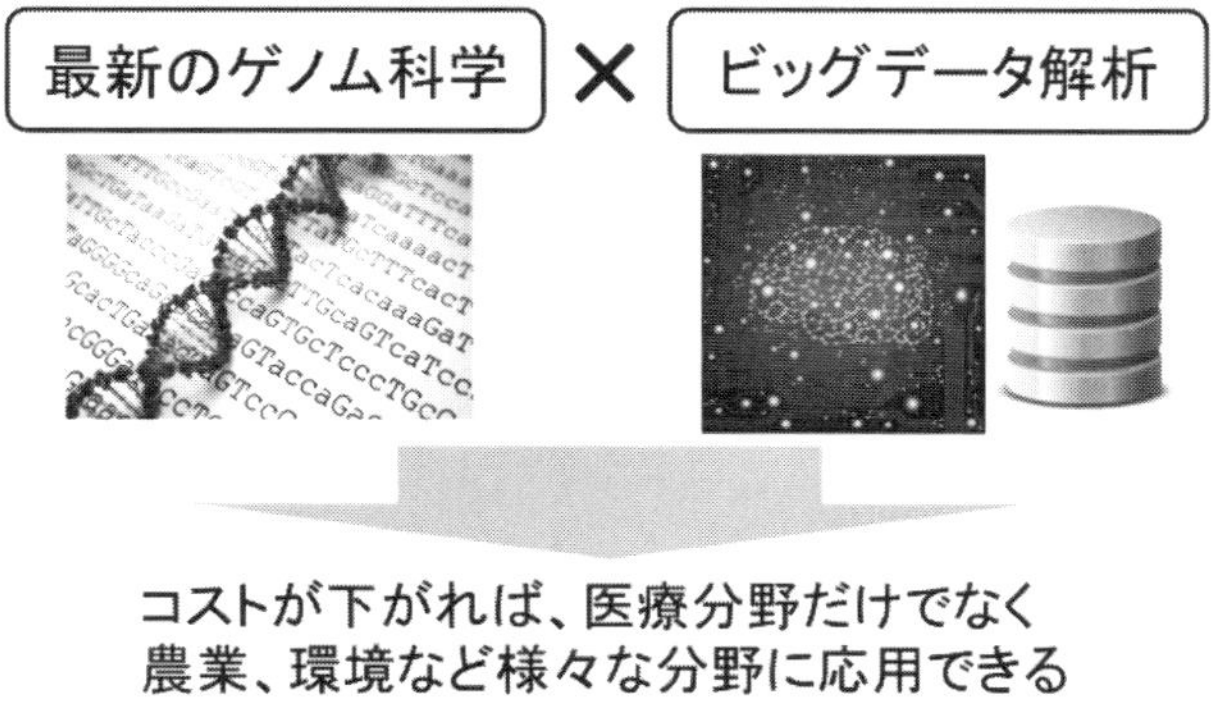
最新のゲノム科学
×
ビッグデータ解析
コストが下がれば、医療分野だけでなく
農業、環境など様々な分野に応用できる

図6　ゲノム解析の応用は今後爆発的に拡大する

これほど基本的なサイエンスの成果が、広く産業応用できるというのはめずらしい。とてもワクワクするテーマだ。シークエンサー機器も、ナノポア技術（DNAが超微細な穴を通過する際に、電流を測定しATGCの違いを判定）など新たな方式のスタートアップも出て来ているので、まだまだ進化しそうだ。DNAに基づいてタンパク質が合成される過程（遺伝子発現）を制御する仕組みについても研究が進んでいる。ソフト・ハード含めて、ゲノム解析技術がさらに発展して、もう一段低コストでかつ高速に実現できるようになれば、ゲノム科学の知見は今後、爆発的に多くの分野で応用されるに違いない。

ゲノム研究の応用分野としては、何と言ってもまずは人間自体の理解、病気の原因の究明、治療や新薬の開発がある。がんや認知症など重要な病気の対策が期待されている。例えば、ある病気の患者さんのゲノム情報を多く集めることによって、病気とゲノムの関係が分析できる。個人情報の管理に考慮した上で、こうしたゲノムのデータベースを構築することが重要である。人のゲノム（ヒトゲノム）は三〇億塩基対あり、個人によ

図7　筆者のフルゲノム情報（ゲノム的に夜型のようである）AWAKENS社のGENOMIC EXPLORERで閲覧

って〇・一パーセントほどが異なっている（ちなみに、約七〇〇万年前に枝分かれしたヒトに最も近いチンパンジーとヒトの違いは、一・六パーセントほどと言われている）。このゲノムの個人差を解析することによって個人の体質に合った医療（個別化医療、テーラーメード医療）も実現しつつある。個人の体質や病気のリスクが分かれば、健康への対策もしやすくなる。全体として医療費の削減にもつながる話である。新しい医療や診断システム、健康支援、ゲノムによる創薬、情報サービスなどスタートアップの新規ビジネスの種は至るところにありそうだ。

私自身、ゲノムに大変興味があり、自分自身のフルゲノムを調べてみた。遺伝的な特徴やリスクが理解できて、世界が広がる感じだ。ゲノム科学や医療の分野で、毎日のように世界中で新たな発見があるので、自分のゲノム情報と照らし合わせて、チェックすることができる。おそらく近い将来、ゲノムの活用は日常的な話になるに違いない。

ゲノム科学を農業へ応用

農業の分野でも、いろいろな応用が考えられる。ゲノム解析を応用して、効率よく品種改良を行うことができる。品種の形質（大きさや色、病気に対する抵抗性など）に関係するゲノム（DNAマーカー）を解析して、狙った形質を持つ品種を選別した上で交配して、ターゲットとする新品種をつくる（ゲノム育種）。今や「おいしさ」の秘密を科学的に探ることもできるのだ。また、土壌をゲノム解析（メタゲノム解析）することにより、土壌に含まれる微生物や菌を分析し、農作物の病気のリスクが診断できそうだ。最近、頻繁に問題になる品種や産地の偽装の対策として、DNA鑑定が使える。

農業や酪農は熟練者の経験やノウハウが重要だが、ゲノムの知見により共通知識化して再利用することができる。また、ゲノム解析のコストがもう少し下がれば、ペットの病気やアレルギーなどの診断にも応用できるかもしれない。土壌の微生物や、河川や湖の水をゲノム解析することで、その環境に適した生物が判別できる可能性もある。

革命的なゲノム編集技術

二〇一二年にゲノム配列を簡単に改変することができるクリスパーキャス9という新しい「ゲノム編集」技術が発表された。従来技術よりはるかに手軽に、ゲノム配列の任意の場所を削除、置換、挿入することができる。すでにノーベル賞候補と言われるほど、大変注目されている研究だ。このイノベーションが社会に与えるインパクトは絶大だ。まだ一般にはそれほど注目されていないが、今後我々の生活に直接関係してくるテクノロジーである。すでに農産物の品種改良や魚の養殖、家畜の改良などの研究が世界中で盛んに行われている。今後、ゲノム編集を応用するありとあらゆるスタートアップが登場して来るであろう。

一方で、あまりに簡単にゲノム編集できてしまうので、リスクも伴う。人工的につくった種を自然に放すと、在来種が絶滅するなど生態系を壊す危険性がある。また、ヒトの生殖細胞や受精卵のゲノム編集研究は、デザイナーベビー（親が子どもを自分たちの好きなようにデザインする）につながることから、慎重に進めるべきという議論を巻き起こしている。遺伝性の重い病気については、ゲノム編集を応用して治療できるのであれば、ぜひ進めてほしいところだ。実際に、遺伝性パーキンソン病などで研究が進んでいる。

極論すれば、生命のデザインは、ＤＮＡ配列による情報処理にすぎないとも言える。人類は、ゲノム解析・ゲノム編集で、生命をある程度コントロールできるようになったわけだ。自然選択によって環境に適した種が生き残る「ダーウィン的な進化」を超えて、生命２・０とでも呼ぶべき人工的に進化をコントロールできる時代になる。使い方によっては危険な技術かもしれないが、科学の進歩は常にそういった問題を引き起こして来た。後戻りはできないだろう。ゲノムデータとは、地球に生命が誕生して以来四〇億年生き残ってきた学習データのようなものだ。それをひもとくことによって、まだまだ新たな発見があるに違いない。

技術の進歩で人類が宇宙へ進出することもあながち夢物語でもなくなってきた。イーロン・マスクは、火星に一〇〇万人を送り込む目標を掲げている。人類が本格的に宇宙に進出するには、ゲノムレベルで生命を新しい環境に適合させて行くことになるかもしれない。大きなブレイクスルーには、複数のイノベーションがタイミングよく起こることが必要だ。

宇宙時代の幕開け

宇宙を活用する時代へ

宇宙事業と言えば、これまでは宇宙航空研究開発機構（ＪＡＸＡ）が行っている国家プロジェクトが中心であった。純粋な科学技術の研究目的であったり、防衛や気象観測、地理測定などが目的である。それがいよいよスタートアップがチャレンジできる領域になってきた。宇宙は、科学研究の対象から産業活用のツールとなる。政府も宇宙分野への民間企業の進出、活性化に力を入れている。二〇一六年末には、国会で「宇宙活動法」「衛星リモートセンシング法」が成立し、二〇一七年五月には、「宇宙産業ビジョン２０３０」が策定された。二〇三〇年頃には、日本の宇宙産業市場を二兆四〇〇〇億円規模に拡大するとしている。いよいよ宇宙産業推進のための基盤整備が進んできた。

我々は、日常の生活で、すでに宇宙を利用している。例えば、気象衛星「ひまわり」が撮影した画像を使った天気予報、テレビのＢＳやＣＳ衛星放送、スマホやカーナビで全地球測位システム（ＧＰＳ）による位置情報などを利用している。今後、急速に広がる応用としては、小型人工衛星による地球観測と衛星インターネット（Ｍ２Ｍネットワーク）になるであろう。さらに宇宙旅行や人工流れ星などのエンターテインメント、宇宙葬なども企画されている。将来的には、月での資源探索、宇宙ゴミ収集、火星への移住など宇宙ビジネスのテーマには事欠かない。

宇宙スタートアップが躍進中

小型人工衛星による地球観測は安全保障、防災や警備、資源・エネルギー、森林・港湾の監視、農業分野への応用をはじめ、様々なビジネスに活用できる。例えば、農作物の収穫時期や収穫量の予測、森林の不法伐採の検出、港湾の船の分析、石油の備蓄量の分析、建築の進捗分析、ライバル店舗の駐車場の空き具合まで、ビジネスに即役立つ分析が可能だ。数メートルの地上分解能の人工衛星画像を格安で手軽に利用できれば、各分野の専門知識と組み合わせて、新たなビジネスが多数生まれるに違いない。これまで衛星を活用するなど考えてもみなかったロングテールのニッチな応用が世界中にある。

もう一つのホットな領域は小型人工衛星を使ったインターネット網だ。ＩｏＴが急速に広がる中、今後、通信網は人間を対象とした人口カバー率ではなく、地球カバー率が課題になる。人が行かない山間部や海上などにも、センサーを設置してデータを収集したり、コマンドを送信したりしたくなる。小さなデータを一日一回やりとりできるだけでも役に立つかもしれない。こうしたＭ２Ｍ（マシン・ツー・マシン）の通信網として、小型人工衛星を多数打ち上げて、地球の隅々までカバーしようという訳だ。

米国の宇宙スタートアップのＳｐａｃｅＸ（イーロン・マスク）やＢｌｕｅ Ｏｒｉｇｉｎ（ジェフ・ベゾス）が打ち上げロケットの再利用にチャレンジしており、これらが実用化されれば、打ち上げコストは飛躍的に下がる可能性がある。現状、人工衛星を活用するには、ロケットの打ち上げコストがネックになっていて、このコストが一桁下がれば、宇宙活用が加速する。近い将来、おそらく小型人工衛星は世界で年間数千から数万機が打ち上げられる時代になるのではないだろうか。企業が自ら専用の衛星を持ってビジネスに役立てようという話も現実的になってくる。目的に応じて衛星に搭載するセンサーを選択し、ある程度のデータ処理も衛星上で行えばよい。衛星側のソフトウェアをアップロードすることも可能だ。データセンターを宇宙に置く時代になるかもしれない。文字通りクラウド（雲）の先の世界だ。

医療の未来を開拓する

医療分野は競争力がある

医療の進歩はめざましい。ｉＰＳ細胞（人工多能性幹細胞）による再生医療や、内視鏡などの高度な医療機器など、日本が世界でも競争力を持つ領域である。政府は、ゲノム解析を活用した「がんゲノム医療」も急ピッチで体制整備を進めている。一方で、高齢化社会を世界に先がけて迎えて、ヘルスケアや未病のケア、介護問題、医師不足など、多くの課題を抱えており、イノベーションが期待され

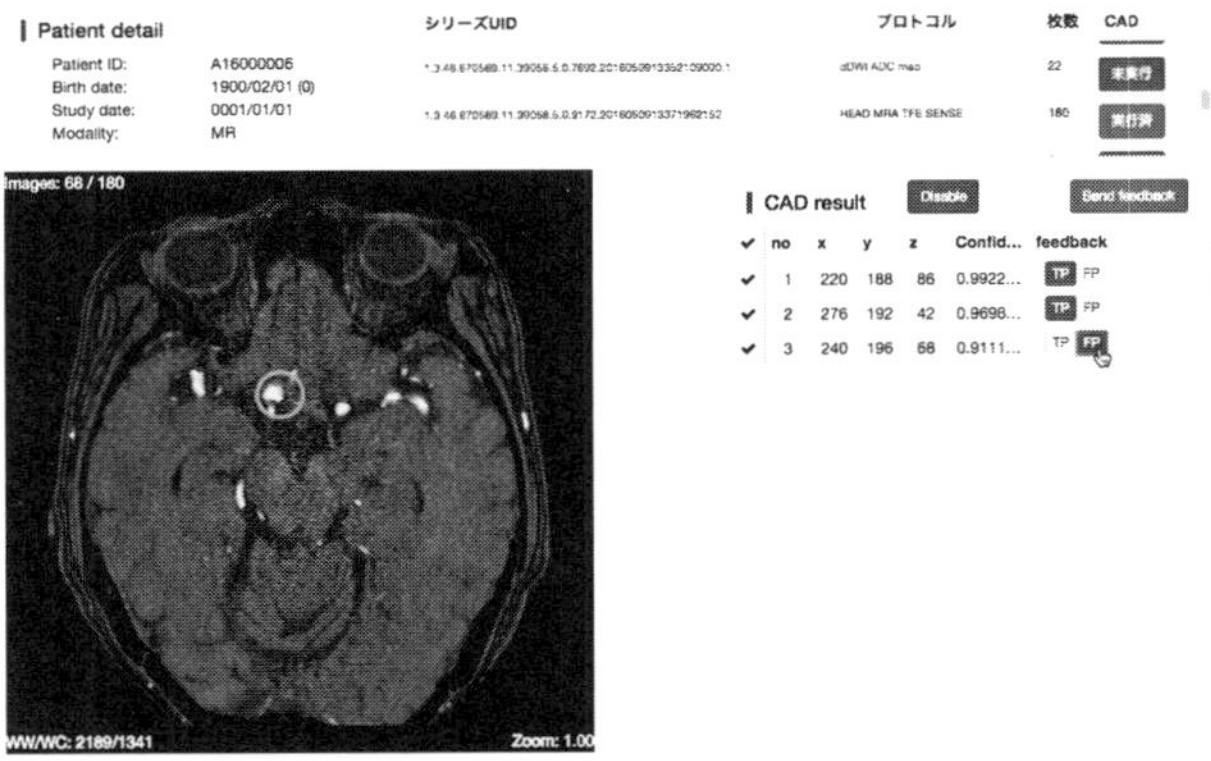

図8　脳MRI画像をAIで分析して脳動脈瘤の診断支援（東大発スタートアップのLPixel）

ている。様々な先端テクノロジーを応用して、課題を解決し、日本が世界をリードできる可能性のある領域ではないだろうか。

人工知能の応用先としても医療分野は有望だ。日本には、大量のCT（コンピュータ断層撮影）やMRI（磁気共鳴画像）、超音波（エコー）やX線（レントゲン）の医療画像がある。CT装置、MRI装置ともに、日本は世界で最も多く保有する国の一つである（人口あたりの保有台数）。装置の進化で、CTやMRIの画像は年々高精細になっており、枚数も増えている。一方、それらを診断する医師不足の状況は深刻化しており、負担が増えるばかりだ。医療画像と診断した疾患のデータ（アノテーション）を学習して、人工知能で診断支援することが期待されている。例えば、患者さんの医療画像にがんの疑いのある箇所を検出して表示するなどのシステムが考えられる。数年以内に、がんの診断などの一次診断や異常検知を自動化するレベルまで行きそうだ。医師の負荷を軽減することができる。

また、人工知能により、検診における「偽陽性（本当は病気でないのに陽性の結果となる）」を減らし、精度を上げることができるのではないだろうか。検診で陽性判定になると精密検査を受けることになるので、偽陽性は本来不要な検査を増やし医療費アップにつながる。過剰診療を減らすためにも一次診断の精度を上げげたい。

人工知能・機械学習は、医療画像に加えて、様々な検査データと疾患の相関関係を発見してくれるかもしれない。過去の大量の症例データがあれば、考えられる病気の可能性を示唆することができるだろう。最新の研究成果や論文データも学習対象にすれば、リアルタイムに世界の最先端の知見を取り込める。人間の医師の場合、経験上あまり扱ったことのないめずらしい病気には気づかないこともあるかもしれない。医師の見落としを防ぐことにもなり、若手医師の教育にも使える。医師にとっては、ワープロのスペルチェッカーのような必須のツールになるのではないだろうか。個人情報の扱い、患者の同意などのガイドラインを整備して、世界をリードするブレイクスルーを期待したい。

創薬も多品種少量

研究開発投資が大きく、開発に時間がかかるのが創薬の分野だ。これまではスタートアップにはなかなかハードルが高かった。ゲノム解析の知見により、病気の原因となっている遺伝子（その遺伝子がつくり出すたんぱく質）を特定し、それをピンポイントに標的にしてコントロールする薬を開発して、対象となる患者さんに投与することが考えられる。例えば、がん細胞を特徴づけているゲノム変異

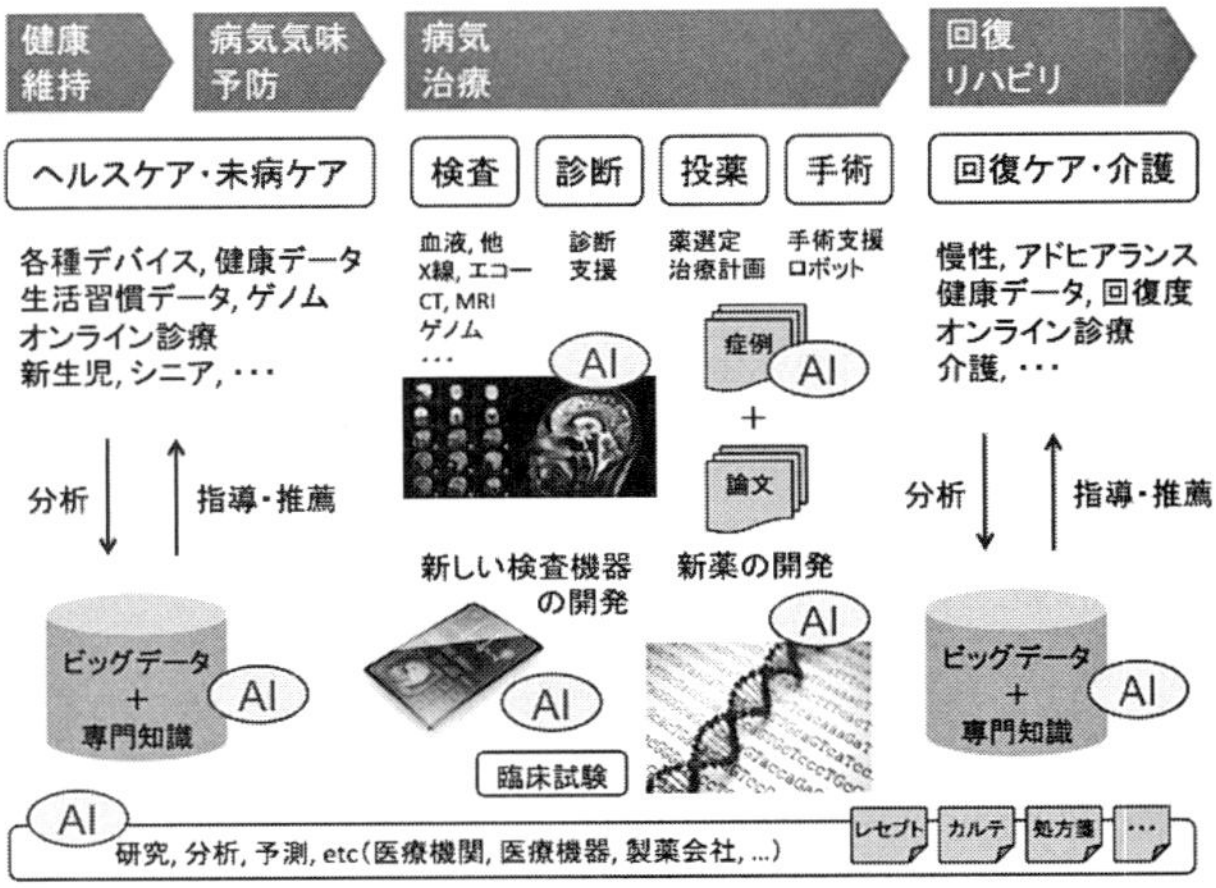

図９　医療・ヘルスケア分野に人工知能を応用

（ＤＮＡの損傷などによる塩基配列の変化）を特定することができれば、正常細胞と区別して副作用の少ない抗がん剤を開発できる。実は細胞のゲノム変異は大量にあるので（我々の体では、細胞分裂の際に絶えずエラーが起きている）、その中でがんの原因となっているゲノム変異（ドライバー遺伝子変異）を見つけることは簡単ではない。大量のデータの分析と人工知能の出番である。他の検査データも組み合わせて、因果関係を解明できれば、治療法や治療薬の開発が見えてくる。既存の抗がん剤が、がん細胞のどのゲノム変異に効果があるかも分析できる。さらに、最近では、血液などの体液からゲノム変異を検査する研究も急速に進んでいる（リキッドバイオプシー）。

　治療薬の開発が進めば、まずは動物実験により、効果と安全性の検証となる。この段階では、ターゲットとなるゲノム変異を持つノックアウトマウスなどをクリスパーキャス９でゲノム編集してつくり、効率的に試験を行うことができそうだ。次の段階が、人間の患者さんを対象とした臨床試験（治験）となる。この場合、対象となる患者さん（ターゲットとなるゲノム変異を持つ）のグループもはっきりしているので、短期間で完了できるかもしれない（規制緩和が必要かもしれないが）。結果として効率良く新薬を開発できて、開発コストを大幅に削減できれば、対象となる患者さんの数が少なくても、つまり市場が小さくても十分採算が合うはずだ。市場の規模は、多くの患者さんのゲノム解析を行うことで、統計的に推定することができる。

こうしたゲノムの知見を活用した新薬の開発の仕組みが、認可までのプロセスも含めてプラットフォームとして構築できれば、医薬品産業も他の産業と同じように、多品種少量、ユーザー（この場合、患者さん）にパーソナライズした商品（この場合、個別化医療）を提供するという話になる。データ解析とマッチングによる最適化でユーザーの満足度を上げるという流れに乗った展開である。

医療機器に挑戦しよう

二〇一四年に薬事法が改正されて、その中で、医療機器にソフトウェア（プログラム）も追加される大きな変更があった。これまでは、医療機器に搭載されるソフトウェアは、ハードウェアと一体として、医療機器と見なされていたが、改正法では、ソフトウェアやシステム単体でも医療機器となる。がんの診断支援ソフトウェアやゲノム創薬の解析ソフトウェアなどは、医療機器認定の承認を受けることになる。承認の手続きは簡単ではないが、スタートアップにとってはチャンスも大きい。今後、医療分野では、最新の情報技術を活用した診断ソフトウェアや分析ソフトウェア、セキュアなデータ管理システムなどが重要になってくる。

医療機器のハードウェアを含めた機器にも、スタートアップの参入を期待したい。モノづくりのしやすさで、ハードウェアも従来よりも取り組みやすくなっている。しかし、従来、医療機器は、臨床試験をクリアする必要があり、安全性の要求レベルも高く、承認されるのに時間もかかるということで、新規参入が難しい分野であった。今後、規制緩和されて、スタートアップが参入しやすくなれば、プロトタイプをすばやく開発し、人工知能や機械学習のソフトウェアを組み合わせるなど、先端技術を取り入れた医療機器を短期間で開発できる。

「つながる患者」時代へ

これだけネットが普及して、あらゆる産業分野・サービス分野で効率化が進んでいるもののまだ遅れている分野がある。特に、国の規制が関連する分野は、テクノロジーの進化で大幅に効率化できる余地がある。医療分野のネット活用もその一つだ。二〇一四年の薬事法の改正で、医薬品のネット販売も、一定のルールのもとで可能になっているが、今後診療でのネット活用、オンライン診療が進みそうだ。

風邪を引いたり、体の具合が悪い場合に、我々は病院へ行って診察してもらい、処方箋をもらって、薬局で薬を購入して帰宅する。昔から変わっていない行動パターンだ。高齢化社会となって患者は増

図10　遠隔診療システムの例
（医療AIのスタートアップMICINのcuron）

え、医師はますます不足している。病院では長時間待たされて、診察はわずか五分といった感じだ。具合が悪いのに、病院で長時間待つのはつらいものだ。遠隔診療やオンライン診療のニーズは高まっている。スマホがこれだけ普及しているので、スマホをうまく活用することもできる。

家庭で簡単な健康機器を使えば、体温や血圧、心拍数などの基本的な健康データを自分で測定できる。これらの機器の小型化も進みそうだ。外傷があればその画像をスマホで撮ることもできる。これらのデータと、問診でよく聞かれるような症状のデータがあれば、基礎的な診断はできるはずである。まずはこれらのデータをネットで送り、遠隔で医師がネット越しに対面診断するようなやり方がある。インターネットでカメラ越しになるが、ほぼ対面と変わらない。診断を受け、薬の処方箋をもらい、これがネットで即座に薬局とつながり、薬が宅配で届けば（現状は、薬剤師による対面での服薬指導が必要）、病院への往復時間と待ち時間がなくなりとても便利だ。地方の過疎地の医師不足、医療機関がない無医地区の問題は深刻だ。遠隔診療は必要に迫られている。将来的には、対面の医師診断の部分をデータ分析によって自動診断に置き換えることが考えられる。

特に、定期的に通院が必要な慢性疾患（高血圧、花粉症などのアレルギー性疾患、うつ病などの心療内科の疾患など）は、最初に取り組む分野として良さそうだ。再診で同じ薬をもらうだけの場合に、症状をメッセージで送るなどオンラインですめば、わざわざ通院しなくても済む。また、ネットでつながることで継続服用を促して重症になることを防ぐ効果もありそうだ。これだけでも、大幅に外来診察は減らせるのではないだろうか。

さらに、血液や尿、唾液などの検査を家庭でも簡単にできる機器が開発されれば、それらの検査データをネットでクラウドに送って解析することによって、精度の高い診断サービスを提供できるであろう。ゲノム検査なども組み合わせれば、個人に合わせた医療サービスも可能になる。こうした「つながる患者」へ向かう方向は必然に思える。さらに、遠隔サービスによって、病気にならないように「未病ケア」を推進できる。先制医療、予防医療へとつながる話だ。病院に行くのは、よほどのことという時代になるかもしれない。患者がつながることにより、全体的に「医療リソースの最適化」を進め、大幅な医療費の削減を実現する。このように家庭で手軽に検査や医療サービスが受けられるようにするためには、課題はいろいろある。診断の責任、安全性の担保、個人情報の取り扱いの注意、保険認定、適切な料金設定、規制緩和、社会的理解などが考えられる。

日本の国民医療費は四〇兆円を越えており、さらに高齢化で増加傾向にある。この課題の深刻さを

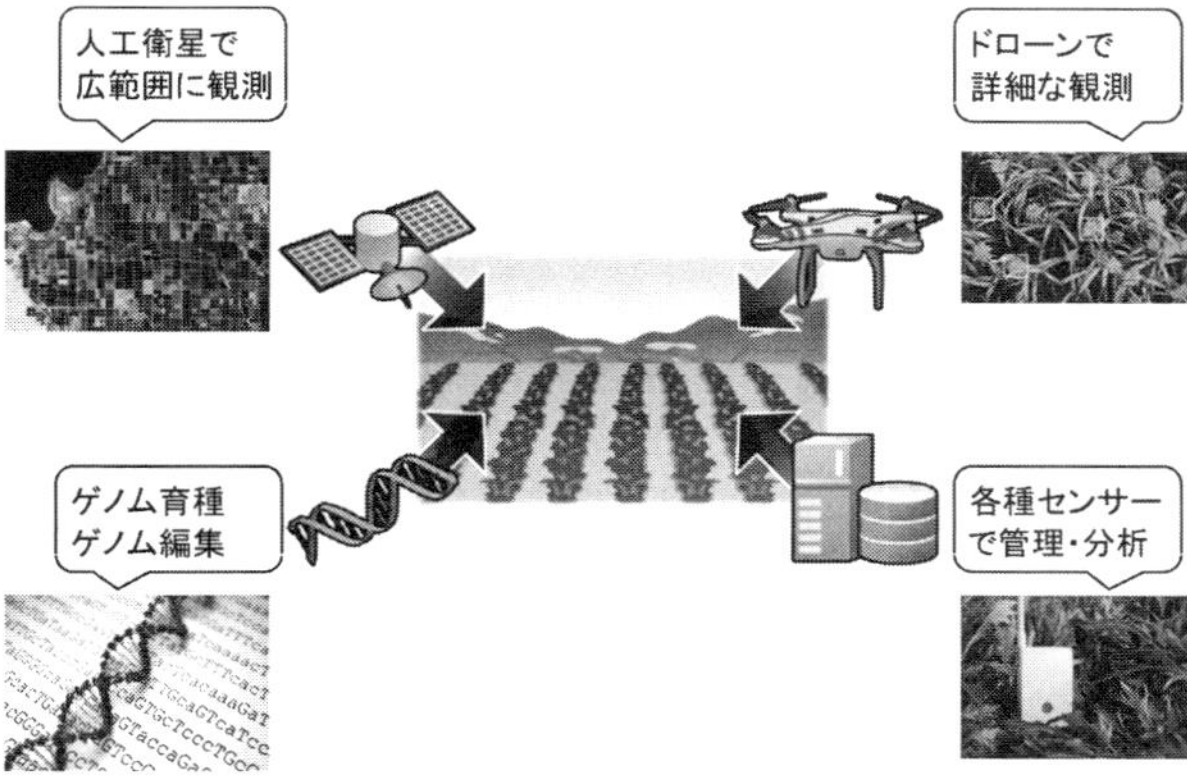

図 11　最新技術を活用して農業をハイテク産業に

考えれば、医療費削減につながるイノベーションには一歩も二歩も踏み出すべきであろう。既存の枠組みにとらわれないスタートアップのチャレンジが期待される。まずは、取り組みやすい領域からスタートすれば良い。

農業をハイテク産業に

農業に先端技術を活用

今後、国内農業は海外から輸入される農産物と激しく競争することになり、農業を取り巻く環境は激変する。地球規模で見れば、人口増加による食料不足の課題があり、イノベーションが期待されている。日本の農業就業者は高年齢化（六五歳以上が六〇パーセント以上）しており、差し迫った状況だ。最新テクノロジーを活用してシステム化し、生産性を向上させ、魅力的な新商品（農産物）を開発してシステム化し、日本の農業の競争力を強化することは急務である。

生産プロセスの中で、農作業の工程をできるだけ自動化する。すでに収穫作業や袋詰め・箱詰めなどの作業の機械化は進んでいるが、人の判断や繊細な扱いを必要とする作業はまだまだ多い。これをロボット化して、人間の手間をできるだけ減らすとともに、大規模化する。ロボットなどの設備投資の回収には、事業規模を大きくする必要がある。農業は天候に大きく左右されるため、肥料の散布時期や収穫時期などのタイミングを合わせ、できるだけロスを少なくすることも重要だ。

また、害虫や土壌病害などを事前に検知して被害を未然に防ぎたい。これには、農地、農作物の状態を観測・監視して分析することが必要になる。外からの観測には、小型人工衛星やドローンが使える。定期的に画像を撮影して変化を分析する。近赤外線の衛星画像（NDVI解析：正規化植生指標）を使い、小麦や米、大豆、トウモロコシなどの収穫時期を予測する研究もある。まさに画像のビッグデータ解析技術がキーになる。内からの観測として、土壌の水分量や化学分析は有効だ。様々な農業センサーが開発されている。こうした最新技術の導入コストが急速に下がりつつあり、これらのデータの分析ソフトウェアやシステム化が重要になる。まさに、「精密農業」の実現である。

カメラ画像やセンサーデータを使い、人工知能を応用してできるだけ自動化する。こうして考えてみると、医療分野の遠隔診療や自動診断と似たような話だ。そして、工業製品のように、農産物の歩留まりを高くし、日本全体で生産状態を見える化し、連携して全体として最適化すれば、過剰生産による値崩れも調整できる。インダストリー４・０のような話でもある。神経網をはりめぐらせて、情報を集めて最適化する頭脳を構築する。未来的な農業は、今とはまったく別物になるであろう。

農業ビジネスをあらゆる面から改革

生産物を流通させる仕組みも改善の余地があるように思える。これまでは、主に生産者から市場に出荷され、そこで競り落とされて、仲買人や問屋を通して、小売店に届くような仕組みだ。野菜などを、生産者から直接仕入れ、消費者に届けるネットサービスもあるが、まだそれほど大規模になっていない。日本のような農業や漁業の生産地と都市が近く、宅配網が発達している国では、ここにブレイクスルーを起こすチャンスがあるのではないだろうか。日本の高度な配送システムなら、朝とれた野菜や魚が、午後には自宅に届くというサービスも実現できそうだ（実際、アマゾンは生鮮食品のネットサービスＡｍａｚｏｎフレッシュを日本でもすでに開始している）。ネットでユーザーと生産者を結びつけ、生産者の思いや農産物の個性が伝わるようにすると良いかもしれない。クラウドファンディング的に農産物ができる前から事前予約、前払いのような仕組みもあると、農家側の経営や計画はやりやすくなる。さらに、農業経営の収益の計画精度が高まれば、融資や保険の対象となる。顧客と直接つながることにより、ビジネス自体が新しくなる。

そして、大切なのは魅力的な商品の開発だ。工業製品と同じで、人々の嗜好は大量生産品よりも、付加価値の高い多様な商品、その商品の持つストーリーに興味がある。農産物の難しさは、新たな品種の開発に時間とコストがかかることだ。品種改良するにしても、交雑は通常年に一回しかできないので、トライ・アンド・エラーのサイクルが長くなる。ネットの世界では短期間に繰り返し行うようなＡＢテスト（二つの施策を比較検討する）を一年かけてやるようなものだ。これを改善するのが、先に述べたゲノム育種だ。ゲノム解析することで、あらかじめ予測を立てて効率的に育種することができる。さらに、今後、ゲノム編集を応用すれば、直接的にターゲットとする品種改良を短期間に低コストで実現できる可能性が高い。品種改良にブレイクスルーを起こすことは間違いない。

このように未来の農業は、ロボット技術や宇宙の活用、最新ゲノム科学、各種センサーデータを活用するＩｏＴなど最先端のテクノロジーの組み合わせになる。大口顧客には、好みに合わせてオーダーメイドで野菜を開発するなんてこともありえるかもしれない。植物工場のようなシステム化された環境で行えば、データ分析もやりやすい。既存のやり方を徐々に改善するというよりは、ゼロから理想型を構築する方が早いかもしれない。ヘルシーな日本食の人気がさらに世界に浸透し、健康、品質が重視されて行けば、日本の農業には大きなチャンスがある。

テクノロジーで進化する人類

人間自身がイノベーションの対象になる

私は、情報革命が産業を効率化し、インターネットが社会に根づいた次の段階として、人間や生命に直接関わるイノベーションが、今後の主役になって行くのではないかと予想している。情報技術や工学的な手法で、人間の能力を拡張・増幅させようという分野をヒューマン・オーギュメンテーショ

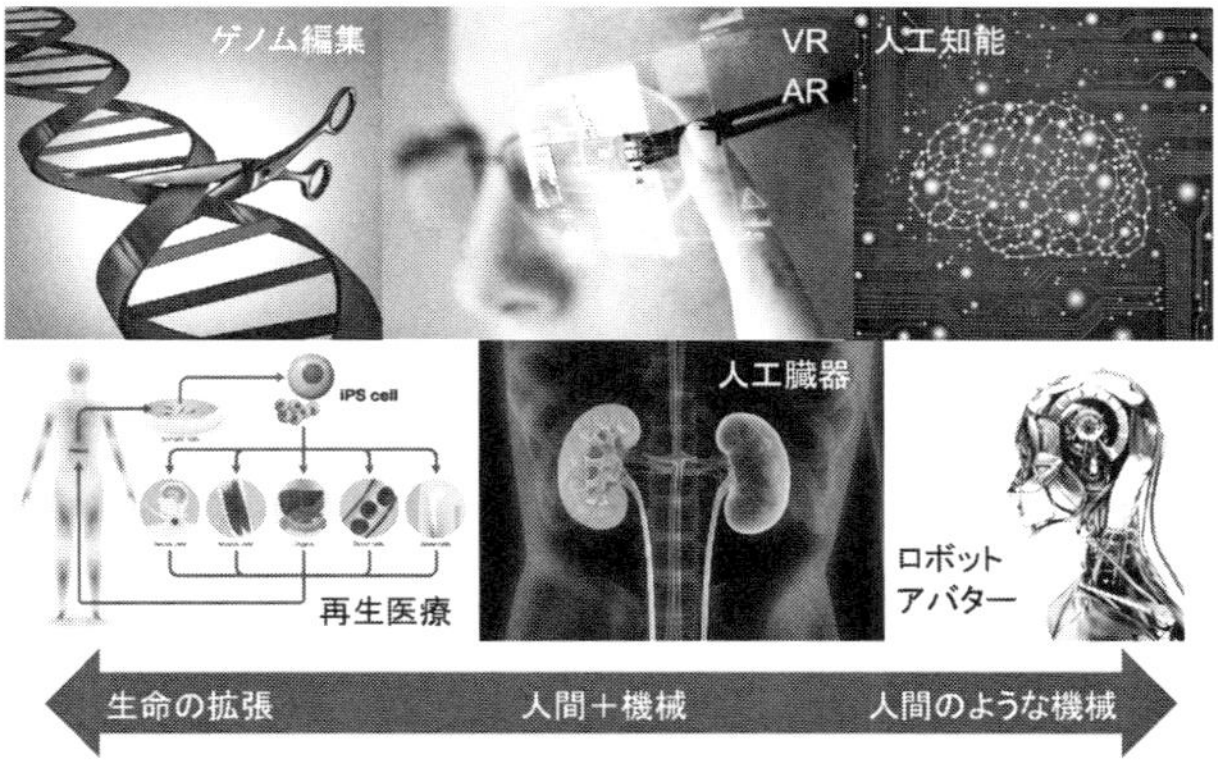

図 12　人間自身がイノベーションの対象となる

ン（人間拡張）などと呼び、実用化が進みつつある。これに加えて、ゲノムや細胞レベルで、ある意味人工的に人間を拡張する技術の進展もめざましい。ゲノム編集、再生医療、工学的な拡張、人間と機械の一体化などの幅広いテクノロジーによって、人類は進化する。また、人間的な能力をコンピュータにやらせようという動きはますます加速し、判断や分析・予測といった計算は人工知能の役目となる。そして、運動能力の高いロボット・ハードウェアと組み合わせて、人間型のロボット（ヒューマノイド）の誕生という訳だ。

近い将来、こうした「人間拡張」が一般的になる時代が到来するのではないだろうか。人間自身を進化させるテクノロジーの開発、事業化、新たなビジネスモデルの開発など、スタートアップに新しい市場を開拓するチャンスがある。

人間を工学的に拡張

一つはフィジカルな能力の拡張。例えば、腕や足腰に動力付きの補助機器を装着して、人間の運動能力を補強する。義手や義足をはじめ障害者向けの医療機器から、高齢者向けの補助機器、一般の人が重い荷物を扱う作業を支援するためのアシストツール（パワードスーツ）など幅広い応用がある。さらに、集収したデータを解析することにより、動作の分析も可能になる。その結果に基づいて、作業のガイドも行える。

シャツや衣服に心拍数や体温などの生体情報を測定するセンサーを装着して、健康状態をモニターしたり、異常を検知して知らせるなどの機能も実現しつつある。また、逆に何らかの情報を身体にアウトプットすることによって通知することも考えられる。電気刺激を与えるとか、振動させるとか、人間の身体により近いインタフェースがいろいろとありそうだ。こうしたツールを活用することによって、高齢者の自立、労働への参加が期待されている。

思考能力の拡張

もう一つは人間の思考能力を増幅させる拡張である。すでに我々は、パソコンやスマホを使って外部記憶やインターネットにたよって生活している。よく使う電話番号さえ、もはや覚えようとはしなくなった。これがさらに加速して行く。メガネ型デバイスやヘッドマウントディスプレー（ＨＭＤ）を使って、仮想の現実を表示する仮想現実（VR: Virtual Reality）や、現実の映像に何らかの有用な情報を重ね合わせて表示する拡張現実（AR: Augmented Reality）は、今後急速に応用が広がりそうだ。ゲームやエンターテインメント向けがまずは考えられる。さらに、両手がふさがるような業務や接客、バーチャル体験などで活用されるだろう。将来的には、コンタクトレンズとデジタル空間がつながるかもしれない。直接的に人間とネットがつながる方向へと最先端の研究は進んでいる。

今後、我々は、様々なツールを通して、人工知能の判断を使いこなすことになる。毎日着る服の選択から食事のメニュー、テレビ番組や音楽の選曲など、人工知能に任せてしまうかもしれない。もしかすると、人間の脳は、人工知能が選んだ結果を後付けで自分が選んだと思うのではないだろうか。自分が意識した選択と人工知能の選択は、記憶上あいまいになるかもしれない。リアルな脳と人工知能の関係は、現在我々が考えている以上に近づくのかもしれない。

人間とのインタフェースの究極のかたちは、考えたことがそのまま伝わる、すなわち脳の指令が直接モノや人間に伝わることだ。脳波を検出することにより、ある程度は意図や意思を分析できるようになってきた。ブレイン・コンピュータ・インタフェース（ＢＣＩ）と呼ばれている分野だ。さらに、脳に小さなチップを埋め込んで、脳の神経細胞の信号を直接読み取ろうという実験も進んでいる（脳インプラント）。脊髄を損傷して手足がまひしている患者さんに対して、脳の信号を読み取って外部のパスを経由して（神経バイパス）、手足の動きを補助する装置（電気刺激など）に結びつけて、動作を可能にするなどの研究事例も発表されている。コントロールする先が義手や義足というケースもありえる。ここまで行くと、脳が直接インターネットとつながり、目の前の喧騒を視覚や聴覚で感じ取るように、インターネット上の情報の喧騒を神経が感じ取る「第六感」が生まれるといった話も、あながちＳＦの世界という訳でもないかもしれない。

医学と工学とコンピュータサイエンスの融合

人間の体の一部を人工物で置き換えて機能を補うような分野も進展している。医学とエンジニアリング、材料工学の組み合わせで、人工臓器などを開発する。人工心臓、人工血管、人工骨や人工関節、人工皮膚、人工内耳や人工網膜などの開発が進んでいる。これがさらに進んで行くと、サイボーグのような話になる。人体と機械の融合と言っても良いかもしれない。制御やデータ解析には、情報技術・人工知能の応用という話になって行くであろう。

一方で、ヒトiPS細胞から臓器をつくり出し、本人に移植することで、機能を回復するようなことが近い将来可能になりそうだ。最近では、バイオ3Dプリンターで細胞を三次元的に組み立てることもできるようになって来た。こちらは再生医療と呼ばれる分野で、実用化に向けた研究が盛んに行われている。また、老化の原因を解明しようという研究も進みつつある。いずれにしても、人間は人工物や人工的な処理の助けも借りて、様々な方法で機能を保持して、長生きできるようになりそうだ。バイオ・メディカル・エンジニアリングという融合領域である。極端な話、脳機能以外すべて、さらに脳の一部さえ、人工的に補助される、あるいは人工物で置き換えられるという時代が来るかもしれない。それは、テクノロジーで人類が進化した「ネクスト・ヒューマン」かもしれない。それでも、「私」は私であろうか。「私の境界線」があいまいになる。我々は、人間と機械の境界線、命の範囲といった問題について考えざるをえない時代に突入することになりそうだ。

本章では、特にハードウェアが絡む領域、日本勢が優位に立てそうな分野を中心に取り上げた。私が好きな分野でもある。これまで見てきたように、情報技術（コンピュータによる計算）とネットワークが様々なテクノロジーと結びついて、細胞レベルのナースケールの話から、宇宙を活用するという話まで、新しい可能性をもたらしている。これまで結びついていなかった領域が重なり、境界領域にチャンスがある。大きな時代の変化が始まっている。おそらく今私が想像できないようなビジネスモデルも出て来るに違いない。スタートアップが活躍できるチャンスに満ちあふれている。若い世代には、自ら変化を起こして行く側に回ることを期待したい。

第6章
新しい時代に生きる

二〇世紀後半は、大量生産のために資本力も組織力も必要で、企業が大型化して行った。大企業では、業務を効率的に処理するために、機能に分けて組織化し、それぞれ専門スキルを持った人材を育てて、全体組織を最適化している。こうした組織体制は、高品質を実現し、生産性を高めるのに効果を発揮した。このシステムは、個人レベルで見れば、狭い範囲のスキルしか身に付かなかったり、大きな組織の歯車となってしまって、モーチベーションが上がらない。このような大きな既存事業に最適化された組織では、小さくても全体を考えてゼロから事業を立ち上げるような人材が育ちにくい。こうした従来組織が、変化の激しい時代において、イノベーションを起こしにくい原因にもなっているのではないだろうか。

私は、そんな閉塞感を打ち破るのが、テック起業家だと考えている。ここまで本書を読み進んでいただいた読者の方には、スタートアップが以前より格段に身近なものになったこと、また多くのチャンスがあることを感じ取っていただけたのではないだろうか。我々は、一〇〇年前と比べれば、考えられないほど豊かな生活をおくれるようになった。これからは、もっと新しいことにチャレンジすることに時間を使っても良いのではないだろうか。最後に本章では、そんな新しい時代の働き方について、少し考えてみよう。

これからの働き方

個人が輝く時代

「働く」とは何か。もちろん、生活するためにある程度収入は必要である。しかし、稼ぐための手段として、いわば自分の時間を切り売りするのはもったいない。自分のやりたいこと、やり甲斐を感じること、人々の役に立ち達成感のあることが仕事となり、同時に稼げたら最高ではないか。人と人、人とモノを結びつけるネットの活用で、個人の能力を発揮する手段が格段に増えてきている。ネットは、働き方においても、従来の企業体ありきの構造を壊しつつある。

今では、インターネットで世界中の人々がつながり、個人から世界に向けて手軽に発信することができるようになった。すでに、アーティストの卵が、動画サイトで自分の作品を投稿して評判になり、一躍有名になったり、プロデビューのきっかけになったりしている。デザイナーなどの専門スキルを持つ人たちも、クラウドソーシング（ネットで仕事を依頼する）などを活用して、顧客を見つけることができ、チャンスが広がっている。つまり、これまでは各個人が自分の能力を活かすには、組織に所属したり、人の紹介などが必要であったが、これが不要になって来たという訳だ。
次は、技術者や研究者、ビジネススキルを持った人が、大きな組織の歯車から外れて、もっと自由になり、「個人が輝く」時代になる。小さなチームが活躍して、イノベーションを引き起こし、成長して行くようなやり方が可能になりつつある。

すべての人の能力をもっと活用

現在は、多くの人は一つの企業に所属して、その中で能力を発揮すべく努力している。企業側は、社員の能力を活かそうと役割を与える。これは当たり前の話だが、企業内のローカル最適である。もちろん転職も可能だが、日本全体として多くの人が一つの企業に縛られている状況は、能力発揮の総和として、最大化されているとは言いがたい。これからは、個人がプロジェクトをベースに複数の企業の仕事に参加するようなことも多くなると予想する。新しい商品を開発するプロジェクトや研究開発プロジェクト、大きなイベントや企画、数ヶ月のプロジェクトの場合もあるし、数年にわたる長いプロジェクトもあるかもしれない。企業側も、プロジェクトに必要な人材を外部からも集めることになるのではないだろうか。

働き方も多様になる。大企業に勤めながらスタートアップに参画するとか、大学教授が数年休暇をとってスタートアップを起業して専念するとか、遠隔診療専門のドクターとして家事と両立するとか、スタートアップの経営者が小学校でも教えるとか、個々人が能力を最大限発揮できるような柔軟な働き方になって行くことが期待される。新しいことに関わることで、人生は豊かになる。働き方にも、イノベーションを起こして、人間の能力をもっと活用できるようにすべきであろう。

IoT・ロボット時代の働き方

現在、多くの大企業は、正社員の就業規則で兼業・副業を禁止している。しかし、近い将来訪れる企業を取り巻く環境、必要とされる仕事の内容を想像してみよう。人材の囲い込みではなく、人材のオープン化をした方が、理にかなっていることが分かる。兼業・副業を認めたり、柔軟な働き方を推奨する方向は、次の二つの点で必然的な流れに思える。

一つは、ロボットや人工知能の導入で変わる人間の仕事という点である。今後作業的な仕事は、どんどん自動化されて行く。そして、人間がすべきは、クリエイティブな仕事となる。クリエイティブな仕事をこなすのには、柔軟な発想が必要であり、会社に閉じこもっているより、外へ出て活動することも必要だ。外部の仕事を経験したり、自分で事業を起こすことは、大きなプラスとなる。仕事は、成果で評価されるべきで、ネットの活用で今後時間や場所に制約されない柔軟な働き方になって行くと考えられる。これにより、能力ある人が、育児や介護の時間をとりながら、仕事をこなすことも可能になる。女性も働きやすくなるはずだ。いわゆるワーク・ライフ・バランスが可能になる。

もう一つは、IoT・ロボット時代に求められる人材像という点である。企業は、事業を成長させるために、自社の製品やサービスで完結するというよりも、今後は大きな社会システムを考えたり、他社との連携、他社製品との組み合わせを進めることが必要である。多くの企業はオープンイノベーションをうたっているが、自社の技術やインフラ、インタフェースを公開するような話が多い。しかし、実際に実行するのは人である。したがって、企業と企業をつなぐような共創を推進できる人材、外へ出てどんどん活躍するような人材、新規事業を立ち上げるような人材が重要になってくる。企業側が、スタートアップを立ち上げたいという社員を後押しするのもありではないか。何故なら、そのスタートアップが成功すれば、連携して新規事業に参画できる可能性もある。

すでにこうした動きは一部の企業では始まっている。日本全体として、重要なリソース（人、資金）は、難しい課題の解決、イノベーションの創出に振り向けたい。起業やチャンレジを後押しするような法整備を望みたい。いずれにしても、新しいことにチャレンジしやすい環境になって行くことは間違いない。自分に合ったかたちで、ぜひトライしてみよう。

最初の一歩を踏み出そう

時間はあるようでない

「人生は何事もなさぬにはあまりにも長いが、何事かをなすにはあまりにも短い」（「山月記」の作者の中島敦の言葉）というのは、歳を取ると実感する。難しいのは、若いときにはなかなかこれが実感できないことだ。時間の長さは、その時間を経過してみないと長さが実感できないものだ。私も三〇代ぐらいまでは、時間は無限にある気でいた。あまり期限を付けて物事を考えていなかった。四〇歳になった時に、急に人生の半分を使ってしまったという気持ちになった。できるだけ悔いのない人生を送りたいものだ。

やりたいこと、興味あること、挑戦したいことを見つけて、着実にそれを進めて行かないと簡単には達成できない。長期的な目標を立てて、それを達成するには、地道な努力が必要である。ゴールから逆算すると時間がないことが分かる。しかし、人間、短期的に不利益にならないために、あるいは目先の利益のために、大きな決断をどうしても先延ばしにすることが多い。人生、時間が有限という中では、これが大きなリスクとなる。

「やらなかったこと」を後悔しないように

一生のうちに、一度は何か自分のやりたいことに思いっきりチャレンジしたいと思う人は多いのではないだろうか。大ヒットした製品や成功したサービスを見て、「自分も似たようなものを考えていたんだけどなぁ」と思うことは誰しも一度や二度はあるものだ。「考えた」と「実行する」は〇と一の差である。実行しないことには何も始まらない。しかし、現状の勤務先の仕事もそれなりにやり甲斐があり、今抱えている仕事も大事、待遇や将来の見通し、家族の反応、といったことを考えると思い切れないとなるのではないだろうか。特に、三〇代後半ぐらいから、一般的には、家族ができたり、しがらみが多くなって、よりリスクが取りづらくなる。いずれチャンスがあればとか、切りの良いタイミングでとか、良い話があれば、といったことを期待するかもしれないが、そんな都合の良いことは起きない。家族を説得するのは大変かもしれないが、やりたいと思ったときにスタートするのが一番良い。

我々は、何かにチャレンジする場合に、うまく行かないリスクをすぐ考えてしまう。それよりも、「やらなかった」ことを将来後悔しないかを考えてみよう。人生は一度しかない。自分の経験や技術やアイデアを活かして、起業して社会の役に立つ。事業の大きさによらず、あなたは輝いているに違いない。ちょっとした勇気と決断が、その後の人生を大きく変えることもある。精一杯頑張って、うまく行かなかったとしても、この経験を評価してくれる会社はあるはずだ。また再就職すれば良いだけの話だ。

テック起業家をめざせ

二〇代、三〇代の若い世代、力を持て余している技術者や研究者、貴重な経験を積んだビジネスマン、ビジネスウーマン、ぜひスタートアップに挑戦して世界を変えてほしい。繰り返しになるが、いきなり大きなテーマに挑戦しなくても良い。最初はプロジェクトとして仲間とスタートするのであれば、リスクは小さいはずだ。それをとことん突き詰めることが重要だ。プロジェクトにどっぷりつかって成果が出てくると、自信もついてくるし、情熱も一層湧いてくる。その問題に関しては、世界の誰よりも詳しく、自信たっぷりに熱く語れるようになるはずだ。それが人を引きつけ、仲間を集め、人々の共感を呼び、ファンを増やすことになる。そうしたプロジェクトを進めていくうちに、次の展開が見えてくる。

一つプロジェクトを成功させると、次はもっとうまくできる。思った通りの成果が出なかったり、当初考えていた課題が解決できなかったとしても、残念に思う必要はない。うまく行かなかった原因を分析して、それを経験にしよう。次に活かすことが重要だ。焦らず三回勝負ぐらいに考えて、長期的な目標に対してコツコツ経験を積んでいけば、誰にもできそうな話だ。最初から経営の天才、突然何かを思いつくというような人はいない。我々の脳の仕組みからして、すべては、インプットされたこと、経験したことをベースにしてしか生まれない。要は努力次第である。

また、日本ではまだ米国ほどスタートアップが多くないし、成功事例も多くない。これはある意味、大きなチャンスだ。数が少ない分、少しうまく行けば注目されるし、資金も集まりやすい。そう、競争相手が少ないのだ。特に、技術系のスタートアップはまだまだ少ない。本当に今がチャンスだ。私は、優秀な技術者や研究者にテクノロジー・スタートアップに挑戦することをおすすめしたい。

皆がチャレンジする社会に

スタートアップを起こす環境は整っているし、今後スタートアップを起こしやすくなる働き方の環境になって行くと期待できる。大企業に所属している人たちも、副業でスタートアップに参画したり、自ら起業して小さくはじめるといったことも今後増えて行くと予想している。ある程度立ち上がったら本業にすれば良い。今後、新卒一括採用も定年制も無くなって行くだろうし、いずれにしても、超高齢化社会の中でどのようなキャリアを組み立てるかという課題は、すべての人に関係する話である。早くスタートアップを起こして、自分の道を切り開く方が、長期的にはリスクが少ないかもしれない。

私は、日本に活力を生み出すには、若者たちを中心に多くの優秀な人たちがスタートアップ側に回り、大きなイノベーションを引き起こすことが何より重要だと考える。そんな中から多くのスタートアップが株式上場して、資金調達を行い、さらに事業を拡大して行き、次世代の産業を担う中心企業になって行けたら最高だ。そして、新たな雇用を生み出して行く。また、スタートアップがある程度成長した段階で、買収や大型資本提携によって、大企業と一体となって、さらなる成長を目指すという成功モデルも期待している。

これまで見てきたように、日本の社会・産業のあらゆる分野でイノベーションが必要とされている。日本は、超高齢化社会を先取りしており、課題先進国である。世界に先駆けて課題を解決して行けば、すなわち世界をリードできることになる。やりたいことを見つけて、それを実現して誰かの役に立つ。人々を笑顔にしよう。社会課題を解決して世界を前に進めよう。あなたにもできない理由はない。今すぐでなくても構わない。レールをつくる側にまわり、自らの手で未来を創ろう。

解説

各務茂夫

手許に興味深い資料がある。一九九二年末時点と二〇一六年末時点の時価総額世界トップ三〇位までの企業リストだ。一九九二年末の上位三〇社の中に日本企業は九社入っている。エクソンモービル、ウォルマート・ストアーズ、GEに次いで四位にNTTがランクインし、他にトヨタ自動車や主要な銀行のすべてが名を連ねている。二〇一六年末では首位のアップル、以下アルファベット（グーグル）、マイクロソフトが続くが、三〇位にかろうじてトヨタ自動車の名前を見つけることができる。

直近（二〇一七年一一月二日終値）の時価総額を調べてみると、世界トップのアップルが九八・一兆円（一ドル一一三円で計算）、次いでアルファベット八〇・九兆円、マイクロソフト七三・三兆円、アマゾン五九・四兆円、フェイスブック五八・七兆円となり、我が国トップのトヨタ自動車は二三・四兆円だ。我が国を代表する企業である日立製作所（一九一〇年創業）の時価総額は四・三兆円だが、ほぼ同じ社歴を持つIBM（一九一一年設立）は一六・一兆円と健闘している。米国の老舗企業といえるジョンソン・エンド・ジョンソン（一八八六年設立）は四二・四兆円であるのに対して武田薬品工業（一九二五年設立、一七八一年創業）は五・一兆円だ。

この四半世紀の間に我が国企業に何があったのだろうか。

一九七九年ハーバード大学エズラ・ヴォーゲル教授が『ジャパン・アズ・ナンバーワン』を著した（TBSブリタニカ）。七〇万部を超えたこのベストセラーの中でヴォーゲル教授は戦後の日本経済の高度経済成長の要因を分析し、日本的経営を高く評価した。我が国特有の経済・社会制度を再評価するきっかけの一つとなり一世を風靡したが、当時学生だった私は日本の明るい未来を想像した記憶がある。

一九八四年、一冊の衝撃的な本が出版された。当時防衛大学校の若手研究者であった戸部良一、野中郁次郎ほか著の『失敗の本質　日本軍の組織論的研究』（ダイヤモンド社、一九九一年中公文庫）だ。ノモンハン事件、ミッドウェー作戦、ガダルカナル作戦、インパール作戦、レイテ海戦、沖縄戦の六つを取り上げ日本がなぜ負けたのかを問うている。日本軍は環境に過度に適応し、官僚的組織原理と属人ネットワークで行動し、かつての成功体験（日露戦争時のバルチック艦隊を撃破した日本海海戦まで遡るような成功体験を含む）から学んだ知識を捨てた上で学び直す（「学習棄却」あるいは「アンラーニング」

という）ことができず、結果として自己革新と軍事的合理性の追求が出来なかったと結論づけている。

同書著者らは同時に、我が国の戦後の企業経営にも目を向け、かつて革新的であった企業経営者も、ほぼ四〇年間が経過した今日（一九八四年出版当時）、年老いてしまい戦前の日本軍同様、長老体制が定着しつつあるのではないか、しかも米国のトップ・マネジメントに比較すれば、日本の経営者の年齢は異常に高くなり、過去の成功体験が上部構造に固定化し、学習棄却ができにくい組織になりつつあるのではないかと述べている。バブル経済前夜の一九八四年当時に、日本的企業組織が、新たな環境変化に対応するために、自国革新能力を創造できるかどうかを問うているという点に同書著者の慧眼、先見性を見て取れる。

トヨタ自動車は本年六月一四日、主要な三月期決算企業のトップバッターとして、愛知県豊田市の本社で定時株主総会を開いた。多くの方の同意を得られると思うが、自動車業界は一〇〇年に一度の変革期を迎えており、自動運転や電気自動車など次世代車の開発競争は異業種も入り乱れて激しさを増している。トヨタ自動車の業績も実際に厳しい。だが、株主の多くが心配していたのは、短期的な業績よりも中長期のトヨタの競争力であり、トヨタは本当に生き残れるかということだ。豊田章男社長は「自動車業界は大きな転換点を迎えている。遠い未来の出来事と思っていることが明日起こるかもしれない。守りだけでなく攻めも必要だ。今後はM＆Aなども含めてあらゆる選択肢を検討しないといけない」と、攻めの姿勢に転じることを宣言した（東洋経済オンライン二〇一七年六月一五日）。さらに豊田社長は「今はライバルが増えている。（米国の電気自動車ベンチャーの）テスラや中国の自動車ベンチャー、さらにはグーグルやアップル、アマゾンなどの異業種も参入してきた。自動車の歴史をみると、過去はGMがずっと世界ナンバーワンでトヨタは存在していなかった。だが、今まさに八〇年前と同じことが起きている。ライバルはかつてのトヨタと同じかもしれない。競争相手やルールが大きく変わろうとしている」と危機感をあらわにした（同）。

「トヨタ自動車七五年史」によれば、一九二〇年代後半、豊田自動織機製作所が開発した「G型自動織機」は海外でも高く評価され、インドの織布工場には二〇五台もの同機が納入されていた。これに対して、英国の紡織機メーカーとして世界トップであったプラット社は、自社の重要な市場を保全するため、豊田自動織機製作所の特許権を買い取ることとし、同社役員を日本に派遣した。プラット社との特許譲渡契約は一九三四年に最終決済されることになるが、総額一〇万ポンド（当時一〇〇万円に相当）を四回の分割払いとすることで契約が締結された。当時の一〇〇万円は現在の貨幣価値でいうと二〇億円位になるという。

かねてから自動車製造の夢を抱いていた豊田喜一郎（章男社長の祖父）は、二度目の海外渡航によって欧米の産業構造の変化を実感し、我が国における自動車産業の必要性を改めて認識し、一九三三年九月に、のちに自動車部となる自動車製作部門を豊田自動織機製作所内に設置する。一九三四年一月に臨時株主総会を開催し、自動車事業への進出資金に充てるため増資を行うが先の特許譲渡で得た資金もまさにリスクマネーとして活用された。「自動車製造事業法」が一九三六年七月に施行され、豊田自動織機製作所は、同年九月に同法の許可会社に指定され、こうして豊田自動織機製作所から自動車部が分離独立し、新会社としてトヨタ自動車工業株式会社が八〇年前の一九三七年設立されたのである。

今、我々は「歴史的な転換点の真っただ中にいる」という認識を持つべきではないか。古いパラダイムがもはや十分に機能しない時代だ。同時に、このことは人々や社会が新たな可能性を積極的に受け入れられる素地ができつつあるともいえるのだろう。しかし、過去の歴史が示す通り、これまで支配的だったパラダイムはそう簡単にはなくならない。新しいパラダイムが現れると、その合理性がどんなに明確であったとしても、これまでの固定観念が染みつき、現状維持のためのかなりの投資をしている人々からの強い抵抗に合う。新しい時代を切り開くには、独創的な思考と大胆な行動が必要になる。

一〇〇年に一度の激動の時代にあって、自らその変革の大嵐の中に飛び込んで、まさに変革を主導する当事者ならんとするのが「テック起業家」なのだろう。大企業は依然として重要なプレーヤーではあるが、これから当面の主役はベンチャー企業であり、テック起業家なのだと私は確信している。八〇年前のトヨタ自動車がそうであったように、パナソニック（松下電器産業、一九三五年設立）、キヤノン（精機光学工業、一九三七年設立）、ソニー（東京通信工業、一九四六年設立）、本田技研工業（一九四八年設立）の創業者は、戦前・戦中・戦後まもなくの激流の中にあって、まさにテック起業家として大きな変革の主役であった。当時、我が国はまさにベンチャーマインド満ち満ちて溢れんばかりのアントレプレナー大国だった。今まさにその時代と同じマグニチュードの歴史的な大変革の中にいる。我が国は再度、アントレプレナーシップの時代に突入したのである。

本書の著者鎌田富久氏は、ベンチャー支援、起業家の指南にかけては当代随一の名伯楽だ。私が所属する東京大学産学協創推進本部が担当する学生起業家教育、アントレプレナーシップ教育講座の看板講師であり、やる気のある尖った学生に対して真摯に面倒を見てくださるし、技術の如何を問わず最先端の知見をベースにアドバイスをしてくださるが、それが極めて的確だ。本書の中に随所にあらわれているが、世の中の動きや技術進化の方向性に対する透徹した洞察力を通して、実に分かり易く変化の本質を捉え解説してくださる。自らが学生時代に起業し事業を成功に導いた経験がそうさせるのではないかと拝察するが、起業家に対する心底からの尊敬の念、その卵といえる若者・学生に向けた同レベルの目線に立った暖かい包容力、失敗を含めすべての経験が次なるステップに向けた糧となり人間力を滋養すると考える誠実な楽観性といったものが鎌田氏の中に同居している。

起業家、エンジェル投資家、メンター等の役割を併せ持つ鎌田氏は、東京大学ベンチャー・エコシステムの構築にとって本当に余人をもって代えがたい要の存在だ。鎌田氏の周りには多くのテック起業家、その候補学生たちが引き寄せられ、導かれ、そして起業というチャレンジへ船出していく。その様子がたいへんよく分かるのが第1章「テクノロジーで世界を変える」だ。この章に出てくる多くのテック起業家たちの多くと私も少なからず縁があるので、鎌田氏と共に事業が発展していく様子が臨場感を持って見て取ることができ、私は感激の気持ちを抑えることができなかった。SCHAFTチームがグーグルのアンディ・ルービンと出会いグーグルが買収するに至るプロセスの中に鎌田氏のまさに真骨頂が窺える。

第2章「大学発イノベーションの創出」は、大学人とりわけ若手研究者（ポスドク研究者、大学院学生）に多くの勇気を与えてくれる。「日本の若い優秀な人材が、スタートアップ側に回り、新しいレールをつくって行くこと、新たなイノベーションを引き起こし、新たな産業を創って行くことが社会の要請と言っても良いのではないだろうか。」し、さらに「学校では、テストや課題が与えられて、それを解いて良い点数を取ることが目標になることが多いので、問題解決能力は高まるが、問題設定自体を行うことは少ない。問題を与えられること、課題を指示されることに慣れてしまう。ところが、イノベーションを起こすのに重要なのは、むしろ課題や問題の設定である。自ら課題を見つけ設定することは、ビジネス立ち上げや事業計画でも最初の一歩である」と説き、起業家のありようを的確に示すとともに、起業家教育の本質を突いている。私も教育者の端くれとして、起業家教育の肝は学生がいかにして「自ら解決したいと腹の底から思える社会課題、多くの人が苦しんでいる問題」（PAIN）に出会えるかだと認識しており、その課題やPAINに自らオーナーシップを持った時に起業家は折れない心をもっていくつもの壁を越えることができる。SXSWで二〇一七年三月、東大の義足ロボットチームがStudent Innovation Award（同賞は二〇〇七年にツイッターが、二〇一一年にはエアビーアンドビーが受賞）を獲得したが、チームリーダーの孫小軍さんはまさにそのことを体現している。

モノづくりを含めた事業立ち上げのハードルが一〇年前から比べるとはるかに下がったことが明確に示される第3章「スタートアップ流モノづくり」では「大企業内にスタートアップ特区をつくる」という提案が示されている。ベンチャー企業のエッジが利いた新規事業創造の取り組みをいかに戦略的に取り込むことができるか、オープンイノベーションの果実をいかにして刈り取ることが出来るかは大企業にとって死活問題であり、本章は大企業とスタートアップとの「共創」を考える上で多くの示唆に富んでいる。

第4章「起業家への道」では起業に関心は持ってはいるが、まだ第一歩を踏み込んでいない人にも分かるように、丁寧に起業の手順や課題を整理している。私も仕事柄多くの「起業のイロハ」の解説に目を通すが、本書は具体性、実践性を兼ね備えているという意味で最も優れた入門書にもなっている。本章を読むだけでも、行間から起業の臨場感を感じ取ることができる。

第5章「未来を創る」は鎌田流最新技術解説と言ってよいだろう。「シェアリング・エコノミー」「人工知能」「IoT」「ロボット」「ゲノム科学」「宇宙」「医療」「精密農業」「人間拡張」といったホットなテーマを取り上げ、最先端技術の簡潔にして分かり易い解説と共に、スタートアップにとっての事業機会を的確に示し、若い世代に対して自ら変化を起こしていく側に回るよう奮起を促している。

第6章「新しい時代に生きる」では、「二〇代、三〇代の若い世代、力を持て余している技術者や研究者、貴重な経験を積んだビジネスマン、ビジネスウーマン、ぜひスタートアップに挑戦して世界を変えてほしい。」とし、強い期待を込めてあらためて「テック起業家」を目指すようメッセージを送っている。これからの時代は働き方改革の中で個人が自らの能力で輝く時代になるのであり、「やって失敗することを後悔する」のではなく、「やらなかったことを将来後悔しない」ように自らの可能性にチャレンジする時代なのだという認識が鎌田氏にはあるようだ。私も一〇〇パーセント同感だ。

東京大学で学生に毎日に接していると明らかに意識が変わってきていると感じる。優秀な学生の中には、役所や大企業に入る人生よりも、鎌田氏が指摘するように「早くスタートアップを起こして、自分の道を切り開く方が、長期的にはリスクが少ないかもしれない」と考えている、少し生意気だが頼もしい学生がいる。私は正直こういう学生を応援したくなってしまう。

福沢諭吉は『学問のすゝめ』の中で「蟻の如きは遥かに未来を図り、穴を掘って居処を作り、冬日の用意に食料を貯うるに非ずや。然るに世の中にはこの蟻の所業をもって自ら満足する人あり。（中略）この人はただ蟻の門人と言うべきのみ。生涯の事業は蟻の右に出るを得ず。」と手厳しい。蟻と人間を分かつものは「何かに挑んだ生き様」であり、「見込みがあれば試みるべき、試みもせず評論家のように振舞うのは勇者とはいえない」という基本スタンスなのだろう。同時に福沢は同書の中で「そもそも人の勇力は、ただ読書のみに由って得るべきものに非ず。読書は学問の術なり、学問は事をなすの術なり。学問の要は活用に在るのみ。活用なき学問は無学に等し。」と言い切り、読者にアクションを促している。

明治初頭の大きな時代の変化の中で福沢が我が国の若者に『学問のすゝめ』を通して啓発したかったことは、そのまま今の日本にも当てはまる。そのような時代に我々は現実にいるのである。鎌田富久氏の本書はまさに現代版『学問のすゝめ』ともいえる啓発の書ということができるかもしれない。

本書によって私自身が大いに刺激を受けたが、多くの読者がこの本によって「テック起業家」へのアクションの第一歩を踏み込んでもらいたいと切に願っている。

（東京大学教授　産学協創推進本部・イノベーション推進部長）

おわりに

大きなイノベーションの最初の瞬間に立ち会うことは、とてもワクワクする。私が学生の頃は、パソコンの出始めの頃で、コンピュータ・サイエンスが魅力的に思えた。様々なアイデアをソフトウェアで実現できる。まだ処理速度が遅く、メモリー容量も小さかったコンピュータで、知恵を絞ってプログラムを開発することは、単純に楽しい創作であった。多少腕に自信もあった私は、どっぷりソフトウェア・ビジネスにのめり込んで行く。その後、情報技術は、インターネットを生み出し、あらゆる産業を飲み込んで行くことになる。とても刺激的な情報革命の創成期であった。そして現在、情報技術がロボットや人工衛星、ゲノム解析や医療機器などと結びついて、新たな革新を起こしつつある。そんな未来を創るプロジェクトは、さらに刺激的で興味深い。一〇年後の世界がどこまで進んでいるか、今から楽しみだ。

私が起業支援をはじめることになったのは、「東京大学プレミアム・サロン」（東京大学で次世代のリーダーを育成する一環ではじまった学生・若手卒業生向けプログラム）の第一回のゲストスピーカーに呼んでいただいたことが最初のきっかけになっている。そこで自分の起業ストーリーの話をさせていただいた。その後、起業やスタートアップに興味のある東大の学生や卒業生との交流がはじまり、具体的にスタートアップの立ち上げを手伝ったり、相談にのることになる。やり始めると面白くなって、本格的に進めることになる。本書でも述べたように、何かをはじめるきっかけとは、こんな偶然である。こうして私のＴｏｍｙＫプロジェクトは始まった。

若いテック起業家たちとの交流は、私自身もとても刺激を受け、勉強になることが多い。自分自身の経験を振り返るきっかけにもなっている。若者たちのエネルギーは本当にすばらしい。あらためて多くの元気なスタートアップの皆さんに感謝する次第である。

私が、こんな起業支援ができるのも、右も左も分からずスタートアップをはじめて、本当に多くの方々に支えられて、チャレンジさせてもらったからである。実は、うまく行ったことは、たまたまだったり、タイミング次第のことが多い。一方、失敗は再現性が高い。本書では、自分のことを棚に上げて書いているが、失敗経験ほど役に立っている。お世話になったすべての方々に、この場をお借りして、感謝申し上げます。

本書の内容は、私がこれまで大学のゲスト講師や講演、雑誌や新聞への寄稿、インタビューなどで話をしている内容を整理して、まとめたものである。東京大学・産学協創推進本部・イノベーション推進部の各務茂夫教授、長谷川克也特任教授、菅原岳人助教、馬田隆明特任研究員・ディレクターには大変お世話になっている。東京大学工学部の講義「アントレプレナーシップ」のゲスト講師を、二〇一三年〜二〇一七年にやらせていただいた。その他、東京大学の各部の多く研究室にお邪魔して、興味深いお話を聞かせていただいた。皆さまに感謝申し上げます。

本書の出版にあたっては、東京大学出版会初のスタートアップに関する書籍ということで、出版社としても新たな企画にチャレンジしていただき、厚くお礼申し上げます。編集部の阿部俊一さんには、いろいろ相談に乗っていただき、大変お世話になりました。感謝申し上げます。

最後に、多くの人にとって、本書がスタートアップや起業、新しいことへのチャレンジへつながるきっかけに少しでもなれば、うれしく思います。

二〇一七年一一月

鎌田　富久

[執筆者紹介]

鎌田富久（かまだ　とみひさ）

1961年愛知県生れ。TomyK代表／株式会社ACCESS共同創業者。89年東京大学大学院理学系研究科情報科学博士課程を修了。理学博士。東京大学在学中にソフトウェアのベンチャー企業ACCESS社を荒川亨氏と設立。世界初の携帯電話向けウェブブラウザなどを開発し、モバイルインターネットの技術革新を牽引。2001年に東証マザーズに上場、11年に代表取締役退任。その後、ベンチャーを支援するTomyKを設立し、ロボット、人工知能、人間拡張、IoT（Internet of Things）、ゲノム、医療、宇宙などの先端テクノロジー・スタートアップベンチャーを多数立ち上げ中。

[解説者紹介]

各務茂夫（かがみ　しげお）

東京大学教授・産学協創推進本部　イノベーション推進部長

1982年一橋大学商学部卒業。スイスIMD経営学修士。米国ケースウェスタンリザーブ大学経営学博士。ボストンコンサルティンググループ、コーポレイトディレクションを経て、02年東京大学大学院薬学系研究科教員、04年東京大学産学連携本部教授・事業化推進部長に就任、13年4月より現職。

テクノロジー・スタートアップが未来を創る
――テック起業家をめざせ

2017年12月20日　初　版

［検印廃止］

著　者　鎌田富久（かまだとみひさ）

発行所　一般財団法人　東京大学出版会
代表者　吉見俊哉
153-0041 東京都目黒区駒場 4-5-29
http://www.utp.or.jp/
電話　03-6407-1069　Fax 03-6407-1991
振替　00160-6-59964

印刷所　株式会社理想社
製本所　牧製本印刷株式会社

ISBN 978-4-13-043040-1　Printed in Japan